50 DÎNERS SANS SE LEVER DE TABLE

Claude-Catherine Kiejman - Catherine Lamour

50 DÎNERS SANS SE LEVER DE TABLE

*Illustrations
Pascale Laurent*

belfond
216, boulevard Saint-Germain
75007 Paris

Si vous souhaitez recevoir notre catalogue
et être tenu au courant de nos publications,
envoyez vos nom et adresse, en citant ce livre,
aux Éditions Belfond,
216, bd Saint-Germain, 75007 Paris.
Et, pour le Canada, à
Edipresse Inc., 945, avenue Beaumont,
Montréal, Québec H3N 1W3.

ISBN 2-7144-3047-3

© Belfond, 1993.

*T*able

Avant-propos de Jean Lacouture, 9

Introduction, 11

Le chaud et le froid, 15

Les menus froids, 51

Les plats uniques, 83

Les dîners d'ailleurs, 115

Les desserts, 133

Autour des plats, 149
   Petits buffets, 151
   Amuse-gueule, 154
   Entrées orientales, 155
   Hors-d'œuvre juifs et d'Europe centrale, 157
   Salades, 159
   Sauces, 163
   Aromates et épices, 167

Quelques conseils pratiques, 171
   Table roulante et service de table, 173
   Quelques ustensiles, 178
   Mais viens donc dîner ce soir…, 180
   Les petits trucs de la cuisine au quotidien, 181
   Petit carnet de bonnes adresses, 185

Index, 188

Remerciements, 191

LOUS DE ROFLE
MÉLANGE DE POIVRES
CANNELLE
PAPRIKA
CUMIN
NOIX DE MUSCA
GARAM MASSALA
OLOMBO
SOJA
EPICES

Avant-propos

Jean LACOUTURE

DEUX OU TROIS choses que j'aime : la bonne cuisine, la conversation – surtout en ce qu'elle implique, incomparable, la compagnie des dames.
Ceci appelle cela ? Mais non. L'un des obstacles à notre bonheur est précisément qu'au moment où, le foie gras englouti, avec ou sans sauternes, et notre euphorie assurée en attendant le carré d'agneau, les voici qui s'éclipsent, Toutonne et la chère Lola, pour s'en aller, aux cuisines, mitonner le rôt. Adieu le charme, les charmes, et le septième ciel. Rien d'odieux comme ce purgatoire entre hommes qui sépare nos paradis.
Du temps de Mme Geoffrin – la meilleure table de Paris –, on pouvait déguster les cailles aux raisins en écoutant d'Alembert étriller les jésuites. Les gens de sa maisonnée assuraient la permanence de la dame, dont le caquet valait, dit-on, celui de Fontenelle. Depuis lors, nous avons fait la Révolution, sans penser aux arts de la table, dont le premier est celui de la conversation. A force de couper des têtes, dont celles de femmes d'esprit qui savaient l'ordonnance des plats, on a mis en péril et la cuisine, et la philosophie.
Mais voici, sauveteuses insignes, bienfaitrices de la vie en société, Catherine Lamour et Claude-Catherine Kiejman, qui, mieux que les suffragettes mangeuses de rhubarbe, vont récon-

cilier les mots et les pots. Tout sur la table, et à nous, par-dessus les plats, l'échange perpétuel.

Quelle chance de pouvoir enfin médire, en sa présence, de la maîtresse de maison! Merci à nos Claudes, à nos Catherines, à jamais réconciliées avec nos appétits, nos humeurs, notre tendresse…

Introduction

Recevoir des amis devrait être un moment de détente et de plaisir. Or, lorsqu'on a une vie professionnelle intense, c'est souvent l'angoisse qui s'installe dès l'invitation joyeusement lancée au téléphone : « On ne se voit plus jamais, venez donc dîner à la maison mercredi. » Quel menu composer ? Quand faire les courses ? En sortant du bureau à 18 h 30, je ne serai jamais prête à 20 h 30, surtout avec les enfants qui ne veulent jamais se coucher... Et de compulser fiévreusement les livres de cuisine...
Nous travaillons toutes les deux beaucoup, l'une à la radio, l'autre à la télévision. Nous avons des enfants, des hommes dans notre vie, et, comme 70 pour 100 des femmes qui travaillent, beaucoup de problèmes quotidiens à régler, et des emplois du temps minutés. Pour autant, nous refusons le métro-boulot-dodo, et nous tenons à la chaleur de l'amitié. Pas question donc de renoncer aux dîners entre amis. Ni de les recevoir à la va-comme-je-te-pousse, comme de trop nombreuses maîtresses de maison qui prétextent de l'heure à laquelle elles ont quitté le bureau pour vous servir des raviolis en boîte. Quelle tristesse que ces tables où l'on a oublié le sel, la moutarde ou les couverts de service et que l'on quitte le ventre creux, ou lourd d'un ragoût mal cuit.

Beaucoup de femmes disent : « Recevoir, c'est une épreuve. Déjà, il faut préparer le dîner. Et si on n'a personne pour servir, on passe la soirée dans la cuisine et on ne profite pas de ses amis. »
Il faut le reconnaître : c'est agaçant de côtoyer la chaise vide de la maîtresse de maison qui va et vient, essoufflée sous le poids des piles d'assiettes. Et qui reprend toujours la conversation là où elle l'avait laissée avant d'aller démouler la glace alors que l'invité cérémonieusement placé à sa droite est passé à un autre sujet. C'est encore plus compliqué pour les célibataires, qui reçoivent seule ou seul, ce qui est fréquent de nos jours.

Mille fois, entre copines, nous avons débattu de la question : « Comment recevoir agréablement ses amis sans se lever de table ? »
C'est ainsi que nous est venue l'idée de ce livre plein d'optimisme et de bonnes idées glanées chez les unes et les autres. Nous les remercions ici collectivement de leurs suggestions. Pas plus que nous, elles ne sont des cuisinières professionnelles, mais autant que nous, que vous sans doute, elles aiment réunir leurs amis autour d'une bonne table. Nous avons donc mis au point plus de 50 menus composés de plats simples à préparer mais qui témoignent du désir de la maîtresse de maison de gâter ses invités. Certains conviennent mieux à une réunion d'amis, d'autres à un dîner professionnel. Beaucoup peuvent être préparés la veille, certains à la dernière minute. Nous avons pensé aussi aux déjeuners du week-end et aux petites réceptions.

Ces menus devraient vous éviter de perdre des heures à chercher comment composer votre repas en fonction des circonstances. Ils peuvent être aisément adaptés selon vos goûts, vos connaissances culinaires, et les produits disponibles sur le marché. Et surtout selon le temps dont vous disposez. Il ne faut pas hésiter, si vous êtes vraiment pressé(e), à acheter l'entrée ou le dessert tout faits, ou à utiliser des produits surgelés que vous connaissez.

Nous avons volontairement simplifié l'énoncé des recettes pour qu'elles soient réalisables par les moins expérimenté(e)s. Tous ces menus ont été conçus et élaborés pour que le plaisir des invités soit partagé par celui ou celle qui reçoit. Il ou elle ne se lèvera plus de table une fois le dîner commencé et partagera pleinement la convivialité de la réunion jusqu'au café. Une gageure...

Pour réussir ce pari, il y a des instruments indispensables et des petits trucs. D'abord, et avant tout, rien de possible sans la bonne vieille table roulante des familles. C'est simple... mais encore faut-il en avoir une, ainsi que d'autres objets qui facilitent le service, et savoir les utiliser à bon escient.

Avant tout donc, une table roulante qui vous permettra d'avoir près de vous tout ce qui n'est pas déjà sur la table, des couverts à salade aux fromages en passant par les desserts et les rince-doigts. Nous avons, bien sûr, évité les plats qui demandent une surveillance attentive de dernière minute, déglaçages de sauce et autres complications qui obligent la maîtresse de maison à disparaître dans sa cuisine au moment où les invités arrivent.

Nous avons choisi nos menus avec l'idée qu'ils puissent convenir au goût de tout le monde ou presque. Bien sûr, les plats uniques de la cuisine familiale bien française : du pot-au-feu à la daube en passant par la blanquette. Mais aussi des « combinés » entrée chaude, plat froid, ou le tout froid.

Nous avons pensé aux dîners simples et amicaux « vite et bien faits » mais aussi aux « dîners privés » à vocation professionnelle, sans oublier les petits buffets pour une vingtaine d'invités et les plats exotiques pour les invitations du week-end.

Et maintenant à vous de jouer ; c'est amusant. Il y a dans les pages qui suivent tout ce qu'il faut pour réussir ce pari qui est devenu le vôtre : faire plaisir à vos amis mais aussi à vous-même, en restant à table avec eux.

> Les quantités indiquées sont prévues pour six à huit personnes, selon l'appétit des convives.
> Les recettes des entrées et des plats principaux suivent chaque menu. En revanche, celles des salades, des desserts et des sauces sont regroupées par rubrique. Dans un même menu on peut, bien entendu, varier les plaisirs en remplaçant une salade ou un dessert par un autre.
> En fin de volume, un index récapitule toutes les recettes, par rubrique.
> Les vins accompagnant certains menus ont été choisis par la société Nicolas, dans une gamme de prix moyenne.

Le chaud et le froid

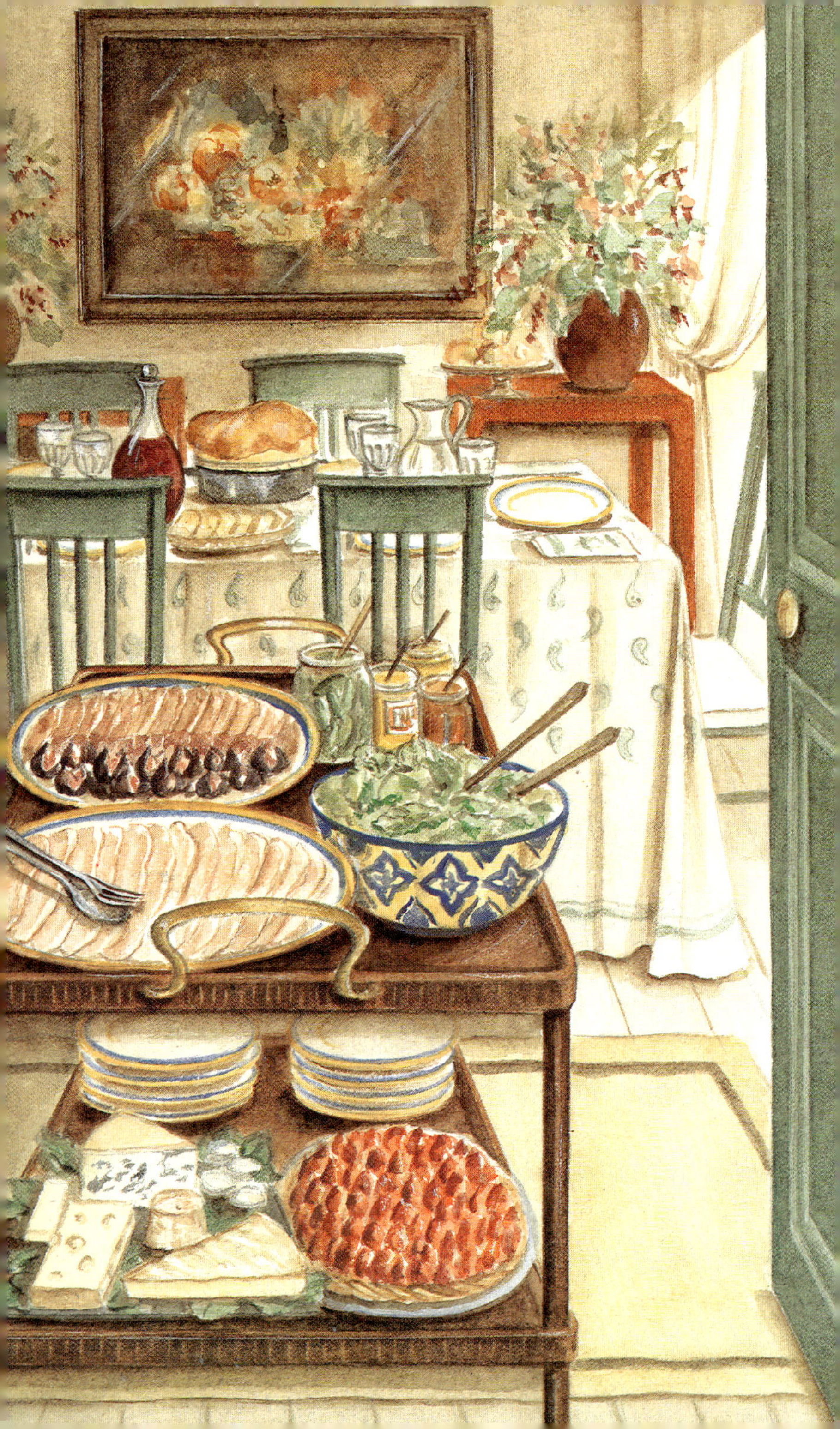

Menu

- *Quenelles à l'américaine*
- *Gigot froid avec salade de haricots verts et blancs*
- *Roquefort + chèvre*
- *Flan au citron*

◆ Quenelles à l'américaine
préparation : 20 mn / cuisson : 20 mn

Ingrédients : 8 grosses quenelles ou 16 petites, 2 boîtes de bisque de homard, ail, oignons, bouquet garni, poivre de Cayenne, huile d'olive et huile d'arachide, 1 dl de whisky

Faire pocher les quenelles dans une grande casserole d'eau bouillante et salée (ne pas les laisser dans l'eau plus de 5 mn). Les égoutter sur un torchon.

Dans un récipient, faire blanchir les oignons à transparence, dans 4 cuillerées d'huile (1/2 arachide, 1/2 olive). Verser la bisque de homard. Ajouter l'ail pressé, le bouquet garni, une pincée de poivre de Cayenne. Faire chauffer à feu doux 10 mn, ajouter 1 dl de whisky et retirer le bouquet garni.

Disposer les quenelles dans un plat à gratin, les couvrir de la bisque très chaude. Bien poivrer, râper un peu de muscade et de gruyère sur le dessus. Mettre au four chaud 20 mn (la sauce peut bouillir sans inconvénient). On peut aussi mettre à la place de la bisque une sauce à l'américaine*.

* Voir recette dans la rubrique *Sauces*.

◆ Gigot froid
cuisson : 15 mn par livre

Ingrédients : 1 gigot de 2 kg, ail, poivre, sel

Comme le rôti de bœuf, il est mieux de le servir tiède, accompagné de plusieurs moutardes ou d'une sauce à la menthe. L'ail épluché a été inséré dans plusieurs fentes pratiquées dans le gigot.

◆ Salade de haricots verts et blancs

Ingrédients : 1 kg de haricots verts, 1 kg de haricots blancs en boîte (ou secs), menthe, ciboulette (ou cerfeuil)

Les haricots doivent être achetés extra-fins. Les haricots blancs peuvent être achetés en boîte. Bien les rincer et les passer une minute ou deux dans l'eau très chaude (mais pas bouillante). Bien égoutter avant d'assaisonner avec une vinaigrette très relevée, au vinaigre de Jerez si on en a. De la ciboulette ou du cerfeuil ajouteront une touche originale.

VIN : Réserve Nicolas Beaujolais-Villages 92 (13-15°)

Menu

◆ *Pâtes fraîches aux fonds d'artichauts ou lotte ou langouste à l'américaine*
◆ *Jambon de Parme (ou viande des Grisons ou carpaccio)*
◆ *Salade d'endives au cerfeuil*
◆ *Tiramisu*

◆ Pâtes fraîches aux fonds d'artichauts
préparation : 30 mn / cuisson : 10 mn

Ingrédients pour 8 personnes : 350 g de pâtes, 8 artichauts, 2,5 dl de crème fraîche, 150 g de beurre, 2 cuillerées d'huile d'olive, basilic, sel, poivre

Tourner les fonds d'artichauts (couper la queue et arrondir le dessous), les cuire, les vider de leurs feuilles et du foin, les couper en quatre.
Cuire les pâtes fraîches (2 à 3 mn).
Mélanger les pâtes fraîches avec les fonds d'artichauts avec crème fraîche, beurre, huile d'olive, basilic, sel et poivre.
Servir bien chaud.

◆ Lotte ou langouste à l'américaine
préparation : 10 mn / cuisson : 20 mn

Ingrédients : lotte ou langouste, cognac

Préparer une sauce à l'américaine (voir chapitre *Sauces*). Pendant qu'elle mijote, faire revenir dans un mélange beurre et huile (très peu), dans une autre casserole, la lotte (ou la langouste) coupée en tronçons. Flamber avec un verre de cognac.

Lorsque la sauce américaine est prête, y mettre le poisson (ou la langouste) et laisser cuire à feu moyen une vingtaine de minutes.

Servir avec du riz.

◆ Jambon de Parme

Le faire couper très fin.

La viande des Grisons peut être servie sèche, comme du jambon, ou assaisonnée d'un filet d'huile d'olive citronnée.

Menu

- *Œufs brouillés aux crevettes*
- *Rosbif froid aux trois moutardes et cornichons*
- *Salade de mâche*
- *Brie de Meaux, chèvre cendré*
- *Apple crumble*

◆ Œufs brouillés aux crevettes
préparation : 10 mn / cuisson : 5 mn

Ingrédients : 12 œufs, 50 g de beurre, 1 dl de lait, 2 petits sacs de crevettes décortiquées (surgelées ou fraîches), poivre, sel, coriandre fraîche

Battre les œufs avec un peu de lait, une pincée de sel, poivre. Dans une casserole placée au bain-marie, faire fondre le beurre coupé en cubes. Ajouter les œufs. Tourner avec une cuillère en bois jusqu'à ce qu'ils prennent de la consistance. Ajouter les crevettes décortiquées préalablement sautées à la poêle avec sel et poivre, éventuellement un peu de coriandre. Retirer du feu avant que le mélange ne soit trop ferme (les œufs continuent à cuire tant qu'ils sont dans la casserole, même hors du feu).
Servir sur – ou avec – un toast, saupoudré de persil ou de coriandre coupé fin.

◆ Rosbif
préparation : 10 mn / cuisson : 25 mn

Ingrédients : rosbif, moutarde, poivre, sel, herbes de Provence

On l'aura fait cuire (25 mn pour 1 500 g) au four très chaud (et préchauffé 1/2 heure) enrobé de moutarde, parsemé d'herbes de Provence et poivré (saler après cuisson). C'est meilleur tiède. Le garder dans un papier d'aluminium une fois cuit pour maintenir un peu de chaleur. L'accompagner de plusieurs moutardes et de cornichons.

VIN : le Canon du Maréchal VDP des Côtes catalanes 92 (15-16°)

Menu

- *Quiche (ou pizza à la provençale)*
  - *Poissons marinés à l'aneth, salade de pommes de terre*
  - *Reblochon, fromage au cumin*
  - *Salade de melon et framboises ou compote de pommes meringuées*

◆ Pâte

préparation : 40 mn pour la pâte – 10 mn pour la garniture / cuisson : 30 mn
Préparation du fond de tarte en pâte brisée

Ingrédients : 200 g de farine , 1 dl d'huile, 1 cuillerée à café de levure, une pincée de sel

Pas d'œufs. On peut aussi acheter une pâte toute faite. C'est évidemment plus rapide.

Mélanger rapidement pour que la pâte se lie bien. Laisser reposer 1/2 heure.

Etaler au rouleau.

Mettre dans le moule et couper ce qui dépasse. Piquer à la fourchette.

Cuire 10 à 12 mn au four à 7 ou 8, avec une feuille d'aluminium couverte de légumes secs, avant d'ajouter la préparation.

◆ Quiche
cuisson : 20 mn

Ingrédients : oignons, lardons, 3 œufs, 1/4 l de lait, gruyère râpé

Faire revenir les lardons d'une part ; d'autre part faire fondre des oignons dans une sauteuse jusqu'à ce qu'ils soient transparents.
Etaler oignons et lardons sur la pâte.
Battre ensemble les 3 œufs entiers, le poivre, le sel (pas trop à cause des lardons), 1/4 l de lait, du gruyère râpé. Verser sur les oignons et les lardons.
Faire cuire à four 7 ou 8 pendant 15 à 20 mn.

◆ Pizza à la provençale
préparation : 30 mn + 10 mn / cuisson : 20 mn

Ingrédients : utiliser la même pâte que pour la quiche. Tomates fraîches (ou tomates pelées), oignons, anchois, gruyère râpé, olives noires, herbes de Provence, huile d'olive

Faire revenir des oignons tout doucement, à transparence.
Couper des tomates en rondelles, les faire dégorger avec du sel (on peut utiliser des tomates pelées bien égouttées). Les disposer sur la tarte.
Ajouter anchois, gruyère, olives noires, herbes de Provence et un filet d'huile d'olive.
Faire cuire à four 7 ou 8 pendant 20 mn.

◆ Poissons marinés à l'aneth
préparation : 15 mn

Ingrédients : filets de poisson, aneth, huile d'olive, citron vert, sel, poivre

Acheter des filets de saumon frais, de daurade ou de thon coupés très fins. Parsemer d'aneth fraîche quelques heures à l'avance. Préparer une marinade (huile d'olive, citron vert, aneth, sel et poivre) et ne la verser sur le poisson qu'un quart d'heure avant de servir pour que le citron ne décolore pas le thon ou le saumon.

Menu

♦ *Vichyssoise chaude*
♦ *Terrine de lotte*
♦ *salade de pommes de terre*
♦ *Plateau de fromages*
♦ *Crème caramel*

♦ Vichyssoise chaude
préparation : 15 mn / cuisson : 35 mn

Ingrédients : 6 poireaux, 2 oignons, 5 pommes de terre, 150 g de crème, beurre, sel, poivre

Faire fondre au beurre les blancs de poireaux et les 2 oignons, ajouter 5 pommes de terre coupées en fines rondelles et mouiller avec 1 l de bouillon de volaille. Faire cuire 25 mn. Passer au mixer puis à la passoire fine. Ajouter 150 g de crème, sel et poivre

(Pour la manger froide, ajouter les glaçons au moment de servir.)

♦ Terrine de lotte
préparation : 30 mn / cuisson : 40 mn

Ingrédients : 1,2 kg de lotte avec joues. 6 œufs, 1 double boîte de concentré de tomates, 1 court-bouillon de poisson, 2 tomates, 2 ou 3 citrons, 1/2 cuillerée à café de poivre de Cayenne, quelques branches d'estragon, armagnac

Battre les œufs en omelette avec le sel, le poivre de Cayenne et le concentré de tomates.

Plonger la lotte dans le court-bouillon bien citronné (le jus des deux citrons et quelques morceaux de zeste).
Quand elle est cuite, enlever l'os et la couper en morceaux allongés.
Disposer au fond d'un moule à cake légèrement huilé les tomates coupées en rondelles et l'estragon. Ajouter la lotte et verser par-dessus les œufs battus. Cuire à four moyen (6 ou 150°) pendant 40 mn. Vérifier la cuisson avec un couteau. Servir tiède avec une sauce à l'américaine – fines herbes, coriandre, allongée avec un yaourt.

◆ Salade de pommes de terre
préparation : 10 mn / cuisson : 30 à 40 mn

Ingrédients : pommes de terre, moutarde, échalote (ou ciboulette), œuf, vin blanc

Pour qu'elles soient moelleuses, assaisonner les pommes de terre quand elles sont encore tièdes, presque chaudes. Préparer une vinaigrette très chargée en vinaigre et moutarde, avec de l'échalote finement hachée (ou de la ciboulette), un œuf entier, 1/2 verre de vin blanc. La verser sur les pommes de terre. Remuer doucement avec une cuillère en bois, sans trop insister.
Laisser la salade reposer et s'imprégner sous un torchon, à température ambiante.

VIN : Quincy « les Crève Cœurs » 90 (8 à 10°)

Menu

- *Gratin de poireaux*
- *Blanc de poulet au chutney*
- *Salade endives, pommes, noix, raisins secs*
- *Fromages : brie, pyrénées (brebis)*
- *Coupe Mont-Blanc*

◆ Gratin de poireaux
préparation : 25 mn / cuisson : 20 mn

Ingrédients : 12 gros poireaux, 12 tranches de lard fumé coupées mince, 50 g de beurre, 2 œufs, 2,5 dl de lait, 50 g de gruyère râpé, 100 g de crème fraîche, 1/2 cuillerée à café de sucre, sel, poivre, muscade

Nettoyer les poireaux, éliminer les 3/4 de la partie verte. Les laver soigneusement. Faire bouillir de l'eau dans une grande marmite, saler, poivrer, ajouter le sucre et faire blanchir les poireaux 10 mn.

Les égoutter. Laisser tiédir. Enrouler une tranche de lard autour de chacun d'eux.

Allumer le four (thermostat 7).

Beurrer un plat, disposer les poireaux tête-bêche.

Dans un bol, battre les œufs en omelette avec crème, lait, fromage, sel, poivre, muscade. Verser le mélange sur les poireaux. Ajouter des noisettes de beurre.

Mettre au four 20 mn environ jusqu'à ce que le gratin soit bien doré.

◆ Blanc de poulet au chutney
préparation : 10 mn

Ingrédients : 2 poulets froids, quelques feuilles de salade, 2 pots de chutney (ou de ketchup)

Une façon originale d'accommoder le poulet froid souvent fade.

Le détailler en morceaux égaux, ni trop gros ni trop petits. Les disposer sur un plat garni de feuilles de salade. Servir avec deux chutney à la mangue, un doux et un fort. Pour ceux qui n'aiment pas le chutney, prévoir des citrons (jaunes et verts) ou une mayonnaise agrémentée d'un peu de ketchup.

Menu

- *Soupe au cresson (ou à l'oseille)*
- *Bœuf mode en gelée*
- *Salade verte à l'estragon*
- *Bleu d'Auvergne, cantal (servi avec une grappe de gros raisins blancs)*
- *Œufs à la neige*

◆ Soupe au cresson

préparation : 20 mn / cuisson : 20 mn à la Cocotte-minute ou 40 mn en casserole

Ingrédients : 2 bottes de cresson (ou 3 bottes d'oseille), 5 pommes de terre, 50 g de beurre, 1 œuf, 1 petit pot de crème, sel, poivre

Dans une grande casserole, faire fondre le beurre, y mettre le cresson (ou l'oseille) débarrassé de ses queues et lavé ainsi que les pommes de terre coupées en morceaux. Laisser cuire 5 mn à feu doux en remuant. Ajouter 1,5 l d'eau, le sel et quelques grains de poivre. Cuire dans une casserole couverte. Passer au moulin à légumes ou au mixer. Remettre à chauffer à feu doux.

Pour servir : dans une tasse, laisser tiédir une louche de potage, y incorporer un jaune d'œuf et 2 cuillerées de crème fraîche. Verser au fond de la soupière et ajouter par-dessus la soupe brûlante et un morceau de beurre. Saupoudrer de persil.

Servir avec des croûtons. Si nécessaire, allonger avec du lait chaud.

◆ Bœuf mode en gelée
préparation : 30 mn / cuisson : 2 h 30

Ingrédients : 2 kg de viande de bœuf moelleuse sans gélatine (pris dans le paleron ou la macreuse), oignons, échalotes, 1,5 kg de carottes, sel, poivre, bouquet garni, estragon, vin blanc, 2 sachets de gelée, 1/2 verre de cognac ou de porto

Faire revenir la viande dans une cocotte avec huile, oignons, échalotes.
Recouvrir de vin blanc. Saler, poivrer, thym, laurier. Baisser le feu et faire cuire à feu doux 2 h / 2 h 30 avec couvercle.
A mi-cuisson, ajouter 1,5 kg de carottes coupées en rondelles.
A la fin de la cuisson, sortir la viande, la laisser refroidir. Passer les carottes. Réserver le jus.
Dans une casserole, préparer la gelée selon les indications portées sur le sachet et y ajouter le poivre, le cognac (ou le porto) et une branche d'estragon. Laisser refroidir.
Tapisser alors le fond et les côtés de la terrine avec les carottes et quelques feuilles d'estragon. Déposer la viande prédécoupée en tranches dans le plat. Recouvrir de gelée. Mettre au réfrigérateur une nuit.
Un quart d'heure avant de servir, poser la terrine dans un fond d'eau chaude pour que la gelée se décolle des parois de la terrine. La retourner sur un plat de service. Décorer le dessus du bœuf en gelée de feuilles d'estragon.
Autour, petites tomates de cocktail, feuilles de salade, cornichons, œufs durs, etc.
Servir avec une salade de haricots verts et une salade verte à l'estragon.

Menu

- *Endives au jambon à la béchamel*
- *Pain de viande, salade mélangée à l'estragon*
- *Fromages assortis*
- *Compote d'oranges et de pruneaux*

◆ Endives au jambon

préparation : 20 mn / cuisson : endives : 15 mn ; gratin : 20 mn

Ingrédients : endives, sucre, citron, jambon, gruyère râpé

Pour éliminer l'amertume des endives, évider le pied avec un couteau économe, les faire cuire (à l'eau ou à l'étouffée) avec un morceau de sucre et le jus d'1/2 citron.
Rouler chaque endive (ou demi-endive selon la grosseur) dans une demi-tranche de jambon.
Les disposer dans un plat beurré. Napper de béchamel. Ajouter quelques morceaux de beurre sur le dessus et couvrir de gruyère râpé. Mettre à four très chaud jusqu'à ce qu'elles soient gratinées.
Ce plat peut être préparé à l'avance et enfourné au dernier moment.

◆ Pain de viande
préparation : 25 mn / cuisson : 20 mn

Ingrédients : 1 kg de viande hachée (1/2 de bœuf, 1/4 de veau, 1/4 de porc, une tranche de foie de veau hachée), 150 g de mie de pain rassis, 1/4 l de lait, 1 citron, 3 œufs, oignons doux, cumin ou paprika, quelques branches de persil et d'estragon, une cuillerée à soupe de sucre, sel, poivre

Malaxer la viande hachée avec la mie de pain, le lait, un œuf cru, sel, poivre, cumin, une pincée de paprika, un œuf dur haché, persil et estragon, une cuillerée de sucre en poudre, le zeste d'1/2 citron.

Beurrer un moule. Y placer le hachis. Verser dessus un œuf battu en omelette.

Parsemer de noisettes de beurre.

Laisser cuire 20 mn à 220°, à mi-hauteur du four. Servir dans le plat de cuisson.

Une autre possibilité : façonner le hachis en forme de rosbif. Le badigeonner d'œuf. Le mettre au four très chaud 20 mn.

Dans ce cas, décorer le plat de service avec de toutes petites tomates.

Menu

◆ *Œufs cocotte*
◆ *Lapin au vinaigre en gelée,
courgettes tièdes*
◆ *Plateau de fromages de chèvre*
◆ *Tarte au citron*

◆ Œufs cocotte
préparation : 15 mn / cuisson : 5 à 7 mn

Ingrédients : œufs, beurre, crème fraîche, jambon (ou champignons, ou truffes), sel, poivre

Beurrer les ramequins. Casser un œuf dans chacun. Saler, poivrer. Ajouter une petite cuillerée de crème fraîche. Et, selon votre goût, quelques champignons cuits, des lamelles de truffe, ou un émincé de jambon.
Cuire au bain-marie, au four, recouvert d'un papier d'aluminium, ou sur le feu en surveillant la cuisson.

◆ Lapin au vinaigre en gelée
préparation : 15 mn / cuisson : 1 h

Ingrédients : 2 lapins coupés en morceaux, huile, un bouquet garni, estragon, vinaigre, un sachet de gelée, sel, poivre

Faire revenir le lapin dans une cocotte avec un peu d'huile, beaucoup de thym et d'estragon. Mouiller avec un verre de vinaigre, saler, poivrer. Laisser cuire 1 h, demi-couvert.

Pendant ce temps, préparer la gelée selon les indications portées sur le sachet, la verser dans la cocotte feu éteint. On peut soit mettre la cocotte directement au réfrigérateur après avoir enlevé les tiges de thym et démouler une fois la gelée prise, soit décorer le fond d'une terrine de feuilles d'estragon et y verser la préparation.

◆ Courgettes tièdes
préparation : 5 mn / cuisson : 10 mn

Ingrédients : courgettes, beurre, huile, sel, poivre, estragon

Laver et sécher les courgettes. Les couper en rondelles sans les peler. Les faire revenir dans une noix de beurre et une cuillerée à soupe d'huile.
Saler et poivrer.
Laisser cuire 5 mn à la Cocotte-minute ou 10 mn dans une cocotte en fonte.
Servir tiède, recouvert d'un semis d'estragon.

Menu

♦ *Gnocchis ou raviolis*
♦ *Rôti de veau au basilic avec ratatouille*
♦ *Assortiment de fromages de chèvre*
♦ *Ananas frais*

♦ Gnocchis (les acheter chez un traiteur italien)
préparation : 15 mn / cuisson : 15 mn

Les faire pocher 3 ou 4 mn à l'eau bouillante (ils ne doivent pas séjourner dans l'eau).
Les égoutter sur un torchon.
Mettre dans un plat allant au four préalablement beurré. Napper d'1/2 l de béchamel au fromage*. Ajouter quelques morceaux de beurre en surface. Saupoudrer de gruyère râpé.
Faire gratiner 10 mn à four très chaud.

Raviolis (les acheter chez un traiteur italien)
préparation : 15 mn / cuisson : 20 mn

Faire pocher 10 mn dans de l'eau bouillante parfumée d'une tablette de bouillon de poule. Egoutter sur un torchon. Mettre dans un plat allant au four beurré. Napper d'une sauce tomate épaisse, assaisonnée de quelques feuilles de basilic frais ou d'une béchamel au fromage*.

* Voir recette dans la rubrique *Sauces*.

Ajouter quelques morceaux de beurre en surface. Saupoudrer d'un mélange de gruyère et parmesan. Passer au four très chaud 10 mn.

◆ Rôti de veau au basilic
préparation : 15 mn / cuisson : 2 h

Ingrédients : un rôti d'1,5 kg, 200 g de lardons, bouquet garni, basilic frais ou séché, beurre, armagnac

Inciser le rôti à plusieurs endroits pour introduire un lardon roulé dans une feuille de basilic (ou roulé dans du basilic séché).
Dans une cocotte, faire fondre une cuillerée à soupe de beurre avec deux cuillerées d'huile. Faire dorer le rôti sur toutes ses faces. Ajouter un bouquet garni avec basilic frais (ou saupoudrer d'une ou deux pincées de basilic séché). Faire flamber avec une cuillerée d'armagnac. Laisser cuire 2 h à tout petit feu à l'étouffée (cocotte fermée) ; si la viande a tendance à attacher ou le fond de sauce à noircir, ajouter 1 dl de bouillon de bœuf.

◆ Ratatouille
préparation : 25 mn / cuisson : 1 h 30

Ingrédients : oignons, 3 poivrons rouges, 2 aubergines, 1 kg de courgettes, 3 tomates, huile d'arachide, ail, persil, laurier, sel, poivre, 1 piment rouge sec, basilic

Dans une grande sauteuse, faire revenir les oignons dans 3 cuillerées à soupe d'huile d'arachide.

Eplucher les poivrons rouges en lamelles longues, découpées ensuite en petits carrés, sans enlever la peau, mais en enlevant les pépins intérieurs.

Faire revenir légèrement à feu doux.

Pendant ce temps, peler les aubergines et les courgettes. Les couper en morceaux moyens. Faire revenir comme précédemment.

Ajouter sel, poivre, laurier, persil, ail pressé (l'ail ne doit pas revenir, mais être ajouté lorsque les légumes sont déjà en cours de cuisson), 1 piment aux oiseaux et une branche de basilic.

Ajouter alors les tomates pelées coupées en petits morceaux (on les aura pressées pour enlever l'eau). Couvrir et laisser mijoter tout doucement.

Menu

- *Tarte aux oignons (ou aux poireaux)*
- *Poisson froid au court-bouillon*
- *Salade de riz*
- *Vacherin*
- *Glace au café*

◆ Tarte aux oignons
préparation : 30 mn / cuisson : 40 mn

Ingrédients : pâte feuilletée surgelée, 12 beaux oignons, huile végétale et huile d'olive, 5 œufs, sel, poivre, 1 petit pot de crème fraîche, 200 g de gruyère râpé

Etaler la pâte dans un moule beurré, la précuire. Eplucher les oignons, les couper en petites lamelles, les faire revenir dans une grande poêle en les couvrant dans un mélange d'huile végétale et d'huile d'olive, puis enlever le couvercle et faire dorer. Dans un saladier, battre en omelette les œufs, ajouter sel, poivre, crème fraîche et gruyère râpé.

Mélanger tout cela avec les oignons, couvrir la pâte précuite. Mettre 25 mn à four très chaud, puis baisser la température et laisser encore 15 mn. Cette tarte peut se manger tiède ou froide, accompagnée d'une salade verte, une romaine bien craquante par exemple.

◆ Tarte aux poireaux

Ingrédients : 1 kg de poireaux, un cube de bouillon de poule

Couper les poireaux en tronçons de 2 cm. Les faire cuire à couvert et très doucement dans de l'eau assaisonnée d'un cube de bouillon de poule.

Ils remplacent les oignons dans la préparation précédente.

◆ Poisson froid au court-bouillon
préparation : 10 mn / cuisson : 20 mn

Ingrédients : il faut impérativement une poissonnière. Acheter un gros poisson à chair blanche (brochet, loup, colin) d'environ 2 kg. Pour le court-bouillon, citrons, oignons, 1 clou de girofle, 1/2 l de vin blanc, un piment rouge, bouquet garni (avec fenouil si on en a)

Placer le poisson dans l'eau froide, avec les ingrédients du court-bouillon. Chauffer sur feu doux. Dès que l'eau frissonne, baisser les feux (l'eau ne doit jamais bouillir). Maintenir dans l'eau à tout petit bouillon 20 mn.
Vérifier près de l'arête que le poisson est cuit, mais ne pas attendre que la chair se détache.
Le sortir de l'eau et le déposer délicatement sur un plat couvert d'un torchon qui épongera l'eau.
On servira sans enlever le torchon.
Accompagner d'une mayonnaise bien citronnée, et de demi-citrons pour ceux qui n'aiment pas la mayonnaise.

VIN : Mâcon-Villages blanc 92 (8-10°)

Menu

- *Tomates au parmesan*
- *Carpaccio ou chaud-froid de volaille à l'estragon*
- *Salade trois couleurs*
- *Gorgonzola, chèvre*
- *Figues au coulis de framboises*

◆ Tomates au parmesan (ou au roquefort)
préparation : 10 mn / cuisson : 15 à 20 mn

Ingrédients : 15 tomates, herbes de Provence, parmesan (ou roquefort), sel, poivre

Passer les tomates à l'eau bouillante 1 mn pour enlever la peau plus facilement. Les couper en deux. Les placer dans un plat au four. Saler, poivrer. Parsemer d'herbes de Provence. Couvrir de parmesan râpé (ou de roquefort). Cuire au four 15 à 20 mn en surveillant. Il faut qu'elles soit fondantes, mais pas trop cuites.

◆ Carpaccio
préparation : 15 mn

Ingrédients : bœuf en tranches très fines (environ 150 g par personne), huile d'olive, citron (jaune ou vert), sel, poivre, morceau de parmesan

Faire couper les tranches de bœuf très fines par votre boucher. Elles doivent être aussi fines que du Parme.

Les étaler sur le plat. Les couvrir d'un filet de vinaigrette faite d'huile d'olive et de jus de citron (jaune ou vert). Sel, poivre en bonne quantité. Ajouter, juste avant de servir, des lamelles de parmesan taillées au couteau dans un morceau entier.

A défaut, saupoudrer de parmesan râpé.

Servir avec une salade trois couleurs : un mesclun tout préparé (ou fait soi-même avec diverses variétés de salades) auquel on ajoute de la rouquette amère (vert foncé) et quelques feuilles de salade rouge.

♦ Chaud-froid de volaille à l'estragon
préparation : 1 h 30 / cuisson : 45 mn

Ingrédients : 8 blancs de poulet, 2 oignons, 2 poireaux, 4 verres de vin blanc, 1/2 l de bouillon de volaille, 75 g de beurre, 75 g de farine, 1 sachet de gelée, poivre en grains, sel, bouquet garni, une grosse branche d'estragon

Faire fondre oignons et blancs de poireaux dans une sauteuse. Ajouter les blancs de poulet, 2 verres de vin blanc et 1/2 l de bouillon fait avec 1/2 tablette de bouillon de volaille. Faire cuire à couvert pendant 1/2 h. Réserver les blancs de poulet hors de leur jus de cuisson.

Pendant ce temps faire réduire à feu doux un mélange de 2 verres de vin blanc, une poignée de poivre en grains moulu, et l'estragon haché (garder quelques feuilles pour la décoration).

Dans une troisième casserole, mélanger les 75 g de beurre fondu avec 75 g de farine. Délayer au fouet avec 1/2 l de bouillon, ou avec le jus de cuisson des blancs de poulet passé à la passoire fine s'il en reste suffisamment.

Ajouter à cette sauce blanche le mélange de vin blanc, poivre, estragon filtré à la passoire fine. Cuire doucement 1/4 d'heure à feu doux, un peu plus si la sauce semble trop liquide.

Laisser tiédir. Incorporer la gelée préparée d'avance. Bien mélanger pour obtenir une préparation lisse.

Saler, poivrer, on peut mettre une pincée de cumin ou de curry ou un jus de citron.

Quand la sauce est froide, en napper les blancs de poulet d'une épaisse couche.

Décorer avec l'estragon. Servir frais. Ce plat peut être préparé très à l'avance, même la veille.

VIN : italien (Chianti ou Valpolicella)

Menu

◆ *Bisque de homard
ou matoutou de crabe*
◆ *Rôti de porc froid*
◆ *Salade de riz*
◆ *Fromages de brebis et de chèvre*
◆ *Soupe de fraises à la menthe*

◆ Bisque de homard
préparation : 10 mn / cuisson : 15 mn

Ingrédients : 2 boîtes de bisque de homard (ou l'acheter en bocal chez le poissonnier), un verre d'armagnac ou de whisky, crème fraîche épaisse, croûtons

Chauffer la bisque. Rajouter 1/2 verre à alcool de whisky ou d'armagnac. Au moment de servir, mettre sur la table un bol de crème fraîche épaisse et des croûtons frits sans ail.

◆ Matoutou de crabe
préparation : 25 mn / cuisson : 15 mn

Ingrédients : oignon, 2 boîtes de crabe, 750 g de riz, citron, beurre, ail, thym, laurier, poivre, petit piment rouge, persil

Plat très facile à faire et original.
Faire revenir l'oignon jusqu'à transparence. Ajouter deux boîtes de crabe Chatka (dont on aura enlevé les filaments

osseux les plus gros) et 750 g de riz précuit pendant 15 mn, le jus d'un citron, 1 noix de beurre, ail, thym, laurier, 1 petit piment rouge.
Laisser cuire à feu très doux pendant environ 1/4 d'heure. Bien poivrer. Servir parsemé de persil finement haché.

◆ Rôti de porc froid au cumin et ananas
préparation : 15 mn / cuisson : 2 h

Ingrédients : rôti de porc dans le filet (1,8 kg), moutarde, 4 ou 5 oignons, 1/2 ananas frais ou une boîte d'ananas, cumin, sel et poivre

Faire revenir rapidement le rôti de porc aillé modérément dans une cocotte avec 4 ou 5 oignons émincés. Baisser le feu, saler, poivrer, couvrir de moutarde et de cumin, arroser de jus d'ananas, ajouter 1 cuillerée à soupe de vinaigre. A mi-cuisson, ajouter les morceaux d'ananas. Cuire encore 1 h en retournant tous les quarts d'heure. Enlever ensuite la viande de la cocotte. Laisser refroidir avant de mettre au réfrigérateur. Entre-temps, on a fait frire au beurre des rondelles d'ananas frais qui serviront à décorer la viande coupée en tranches au moment de servir. Ce plat peut se préparer de la même façon avec des pruneaux ou se manger chaud.

VIN : Réserve Nicolas Beaujolais-Villages 92 (13-15°)

Menu

◆ *Toasts aux champignons*
(ou croûtes au fromage)
◆ *Rôti de veau froid aux pruneaux,*
◆ *Courgettes froides à l'estragon*
◆ *Roquefort*
◆ *Mousse au chocolat*

◆ Toasts aux champignons
préparation : 20 mn / cuisson : 15 mn

Ingrédients : 500 g de champignons de Paris, sauce béchamel (faite sur la base d'1/2 l de lait), citron, beurre, sel, poivre, toasts

Laver les champignons, les débarrasser de la partie dure des queues.

Les couper en tout petits morceaux (on peut aussi les passer au mixer). Faire fondre le beurre, y jeter les champignons. Remuer rapidement en ajoutant le jus d'un citron, sel et poivre. Mélanger à la sauce béchamel parfumée avec de la noix de muscade. Bien poivrer et servir sur des toasts grillés et beurrés. Accompagner d'une salade verte.

◆ Croûtes au fromage
préparation : 5 mn / cuisson : 5 mn

Ingrédients : toasts, crème fraîche, gruyère, poivre

Si on est pressé, ou pour le dimanche en famille, voici une recette très simple et très bonne.

Couvrir un toast de crème fraîche bien épaisse, puis d'une grosse couche de fromage râpé (un peu en dôme). Poivrer.

Mettre au four jusqu'à ce que le mélange crème-gruyère forme une belle croûte dorée. Servir avec de la salade.

◆ Rôti de veau aux pruneaux
préparation : 10 mn / cuisson : 1 h 30

Ingrédients : 1 rôti de veau fourré de pruneaux (demander au boucher de vous le préparer), huile, sel, poivre, romarin, pruneaux

Faire revenir le rôti sur toutes ses faces dans 50 g de beurre additionné à une cuillerée d'huile.

Saler, poivrer. Mettre une bonne branche de romarin, le faire cuire à petit feu dans une cocotte fermée.

Cinq minutes avant la fin de la cuisson, faire chauffer une vingtaine de pruneaux dans le jus, ils serviront à la décoration du plat.

◆ Courgettes froides à l'estragon
préparation : 10 mn / cuisson : 10 mn

Ingrédients : courgettes, beurre, sel, poivre, estragon, ail

Couper les courgettes en tranches sans enlever la peau. Les faire cuire tout doucement dans une sauteuse avec un peu de beurre jusqu'à ce qu'elles soient bien molles, presque fondantes (5 mn à la Cocotte-minute). Saler, poivrer. Enlever l'eau s'il y en a. Mettre l'estragon hors du feu. On peut aussi ajouter une pointe d'ail haché.

VIN : Vertus rouge Coteaux Champenois (10°)

Menu

◆ *Risotto au poulet,
ou aux moules et aux coques,
ou rouille de seiche*
◆ *Viande des Grisons sur lit d'endives*
◆ *Gorgonzola*
◆ *Tiramisu*

◆ Risotto

préparation : 30 mn / cuisson : 20 mn

Ingrédients : riz italien (750 g), 2 oignons, ail, huile d'olive, bouillon (de bœuf ou de poule), bouquet garni, vin blanc, persil, moules, coques, langoustines ou 2 cuisses de poulet, sel, poivre

Très agréable comme plat d'ouverture, on le trouve assez peu souvent dans les menus. C'est pourtant une préparation simple. Mais il faut le déguster dès sa sortie du feu. On le prévoira donc plutôt pour les dîners amicaux, où l'on peut bavarder dans la cuisine tout en terminant sa cuisson.

Faire blanchir les oignons dans un peu d'eau jusqu'à ce qu'ils soient souples. Les égoutter et les remettre sur le feu jusqu'à ce que toute trace d'eau ait disparu (mais sans les laisser roussir). Ajouter 3 cuillerées d'huile d'olive. Chauffer. Mettre le riz (750 g pour 8 personnes), remuer jusqu'à ce que le riz soit transparent.

Ajouter le bouillon, de bœuf pour le risotto au poulet, de

poule pour le risotto aux moules ou aux coques (le contraste donne plus de saveur).

Le bouillon doit couvrir le riz, plus l'équivalent d'une main posée à plat sur le riz. Ail pressé, poivre, sel, bouquet garni de toutes les herbes que l'on veut (avec persil) et un verre de vin blanc. Remuer souvent.

Cinq minutes avant la fin de la cuisson, ajouter les moules, coques, langoustines décortiquées et passées à la poêle. Ou le poulet cuit à la poêle et découpé en tout petits morceaux. Au moment de servir, mettre sur le dessus une bonne poignée de persil haché très fin. Servir avec du parmesan à côté.

(On peut « jaunir » le riz pendant la cuisson en ajoutant une pincée de safran en poudre.)

◆ Rouille de seiche
préparation : 15 mn / cuisson : 40 mn

Ingrédients : 1,5 kg de seiche, 1 livre d'oignons, 12 blancs de poireaux, bouillon de poule, une boîte de tomates pelées, 2 œufs, huile d'olive, safran, sel, poivre, bouquet garni, piment de Cayenne, persil

Blondir oignons et blancs de poireaux. Faire revenir les carrés de seiche. Couvrir de bouillon de poule. Faire bouillonner doucement. Ajouter une boîte de 500 g de tomates pelées (sans le jus), 1/2 verre d'huile d'olive, 1 cuillerée à café de safran en poudre, sel, poivre, 1 bouquet garni, un petit piment de Cayenne.

Laisser cuire à feu doux 30 à 45 mn (la seiche doit être tendre).

Hors du feu, bien mélanger deux jaunes d'œuf dans un bol, avec une louche de sauce refroidie.

Reverser ce liquide dans le plat.

Servir avec du riz, et parsemer de persil haché.

◆ Viande des Grisons sur lit d'endives
préparation : 15 mn

Ingrédients : 8 endives, 35 tranches de viande des Grisons très fines, huile d'olive, vinaigre balsamique

Couper les endives en fines lamelles dans le sens de la longueur, les disposer en forme d'étoile dans un plat rond (en coupant le bout dur pour ne garder que les feuilles). Déposer par-dessus des tranches de viande des Grisons (au moins 4 par convive).

Verser dessus avant de passer à table une vinaigrette à l'huile d'olive. Si on en a, mettre plutôt du vinaigre balsamique.

LES MENUS FROIDS

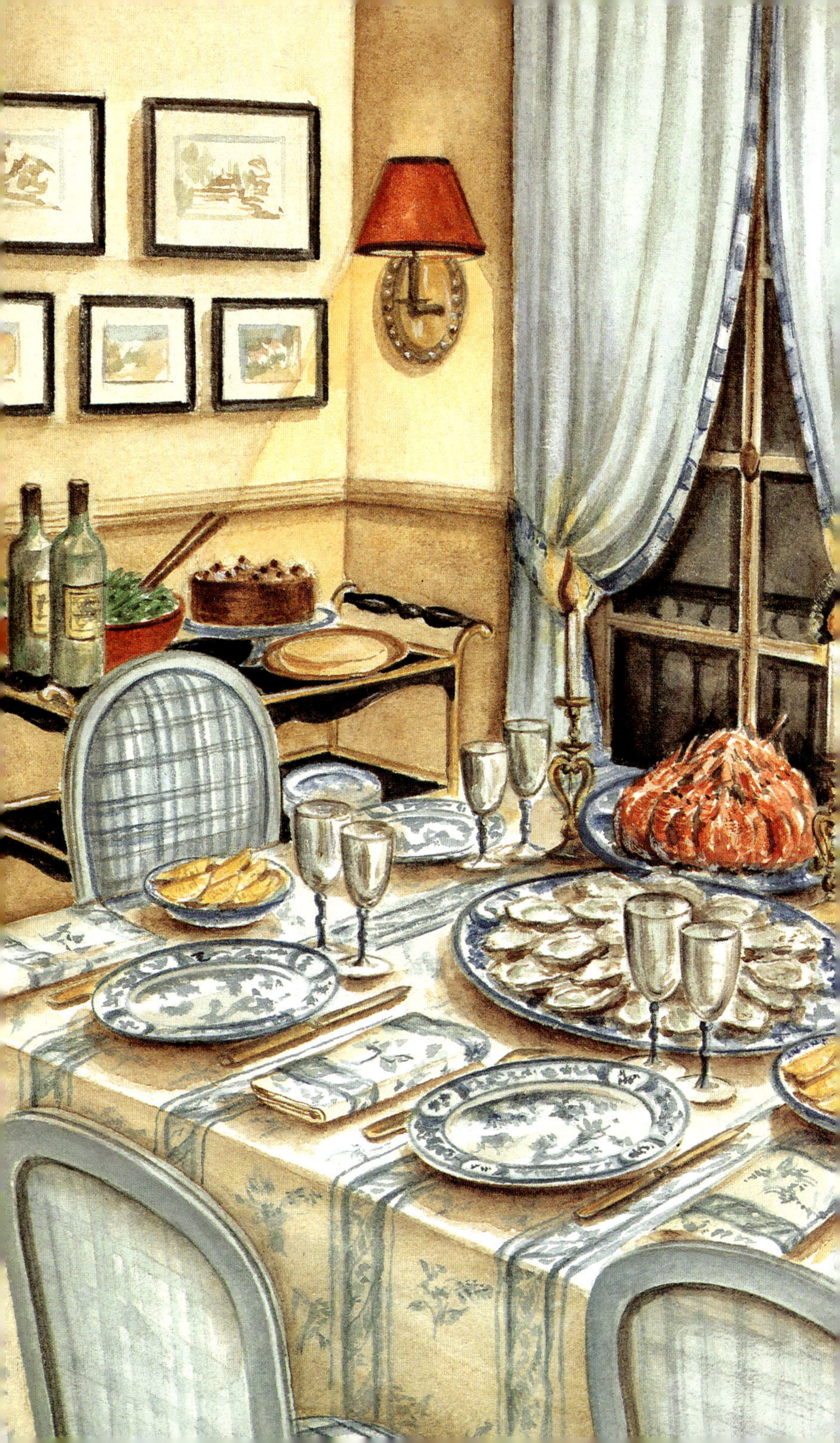

Menu

◆ *Œufs pochés à la compote de tomates glacée*
◆ *Veau en gelée à l'estragon, salade verte ou ratatouille*
◆ *Fromages*
◆ *Salade de pêches et menthe*

◆ Œufs pochés à la compote de tomates glacée
préparation : 10 mn / cuisson : 25 à 30 mn

Ingrédients : 16 œufs, oignons, tomates fraîches ou en boîte, thym et basilic frais, vinaigre, huile d'olive, sel, poivre, ail, 1 sucre

Faire bouillir 3 l d'eau avec 3 cuillerées de vinaigre. Casser les œufs un par un dans une louche ou dans une tasse. Verser doucement dans l'eau (au ras du liquide) ou tremper carrément le récipient dans l'eau en le retournant prestement (cela évite au blanc de s'effilocher). Laisser frémir 3 mn 1/2 à feu doux. Les retirer avec une écumoire et les déposer dans un plat recouvert d'un torchon pour qu'ils s'égouttent bien.

◆ Compote de tomates (à préparer d'avance)

Faire ramollir à feu doux 2 ou 3 oignons dans une sauteuse à couvert, avec un verre à moutarde d'eau. Lorsqu'ils sont blanchis et tendres et que l'eau s'est évaporée, ajouter 2 cuillerées d'huile d'olive, remuer, chauffer. Ajouter, après les avoir égouttées, 6 à 8 belles tomates fraîches, épluchées et épépinées ou en boîte (1 kg), sel, poivre, ail (passé au presse-ail), puis le thym et le basilic frais haché, 1 cuillerée de vinaigre, 1 sucre. Laisser cuire 20 mn à feu très doux et à demi couvert. Après 10 mn de cuisson, écraser légèrement les tomates à la fourchette. Laisser refroidir et mettre au réfrigérateur.

Si on souhaite une sauce tomate plutôt qu'une compote, ajouter 1/4 l de bouillon de bœuf en cours de cuisson, et passer au presse-légumes en fin de cuisson.

◆ Veau en gelée à l'estragon (à préparer la veille)
préparation : 15 mn / cuisson : 3 h

Ingrédients : 1,5 kg de veau pris dans la noix pâtissière, 1 pied de veau scié et désossé, estragon, persil, cerfeuil, échalotes hachées, poivre et sel, vin blanc très sec, vermouth (ou vin de Jerez)

Couper la viande crue en tranches fines. Au fond d'une terrine, disposer des feuilles d'estragon formant un dessin. Déposer les morceaux de viande assez espacés, saupoudrer d'un mélange de persil, d'estragon, de cerfeuil et d'échalotes hachées, poivre et sel. Ajouter une nouvelle couche de viande, arroser avec 1/2 l de vin blanc très sec et 1 verre à liqueur de vermouth ou de vin de Jerez. Placer sur le dessus un pied de veau scié et désossé.

Faire cuire au four à feu doux et terrine couverte pendant 3 h. Enlever le pied de veau. Laisser refroidir. Mettre la terrine au réfrigérateur toute la nuit. Le lendemain, démouler la terrine en la déposant quelques minutes dans un plat rempli d'eau chaude pour décoller le dessous. Servir avec une ratatouille froide ou avec une salade verte.

VIN : Château de Fonscolombe, Coteaux d'Aix 92 (10-12°)

Menu

- *Courgettes glacées*
- *Escalopes panées*
- *Salade de haricots verts et tomates*
- *Brie*
- *Gâteau*

◆ Courgettes glacées
préparation : 10 mn / cuisson : 20 mn

Ingrédients : 2,5 kg de courgettes, 5 œufs durs, persil, coriandre, cerfeuil, sel et poivre

Faire cuire à la vapeur les courgettes non épluchées mais bien lavées (bout coupé) et salées. Quand elles sont cuites, mais pas trop molles, les sortir, bien les égoutter, les poser sur une serviette pour qu'elles perdent leur eau. Laisser refroidir avant de les couper en deux.

Faire cuire les œufs durs, les hacher menu en mélangeant avec un peu de persil, de coriandre, de cerfeuil hachés, sel et poivre. Recouvrir les courgettes de ce mélange. Mettre au réfrigérateur.

Servir avec une vinaigrette bien moutardée et beaucoup d'herbes.

C'est frais, léger et vite fait.

◆ Escalopes panées
préparation : 10 mn / cuisson : 10 mn

Ingrédients : 8 escalopes pas trop épaisses, 2 œufs, un peu de lait, chapelure, beurre et citron

Donner aux escalopes une dimension à peu près uniforme. Préparer dans une assiette 2 jaunes d'œuf mélangés avec un peu de lait. Dans une autre assiette, de la chapelure sur une bonne épaisseur.

Mettre une poêle à chauffer à feu très doux avec le quart d'un paquet de beurre. Tourner et retourner les escalopes dans les œufs puis dans la chapelure jusqu'à ce qu'elles soient bien enrobées. Les déposer dans le beurre chaud (mais pas brûlant). Les laisser cuire tout doucement 2 à 3 mn de chaque côté en ne les retournant qu'une fois (la pointe d'un couteau doit s'enfoncer sans difficulté dans la viande).

Si le beurre a tendance à brunir, mettre un peu de jus de citron pour l'empêcher de noircir.

Déposer les escalopes dans un plat de service au fur et à mesure. Servir tiède ou froid avec des citrons coupés en quart. Accompagner d'une salade de haricots verts très fins mélangés avec des rondelles de tomates et des petits oignons nouveaux coupés fin. Vinaigre balsamique et huile de noix.

VIN : Château Tassin Bordeaux Supérieur 91 (16°)

Menu

 ◆ *Melon glacé, ou salade de mâche*
 ◆ *Terrine de poissons,
salade de pommes de terre*
 ◆ *Chèvres variés*
 ◆ *Poires au vin*

◆ Terrine de poissons
(tout lotte ou lotte et cabillaud mélangés, cette dernière solution revient moins cher mais c'est moins fin)
préparation : 15 mn / cuisson : 50 mn (à préparer la veille)

Ingrédients : 1,5 kg de poissons, 8 œufs, 1 petit pot de concentré de tomates, sel, poivre de Cayenne, estragon et thym, armagnac, 1 court-bouillon, 1 citron

Faire bien préparer la lotte par le poissonnier en enlevant la deuxième peau grise. Cuire environ 10 mn dans un court-bouillon bien citronné. Retirer et bien égoutter dans un torchon. Sortir l'os et couper le poisson en morceaux longs et fins.

Battre 8 œufs en omelette, y ajouter le concentré de tomates, sel et poivre de Cayenne, 1/2 verre à liqueur d'armagnac.

Dans un moule à cake à peine beurré, placer la lotte déjà refroidie, la recouvrir de ce mélange. Cuire à four moyen et au bain-marie environ 40 mn. Vérifier la cuisson avec un couteau. Lorsque c'est prêt, laisser refroidir et mettre au réfrigérateur. Pour démouler, mettre le plat 1 mn dans l'eau chaude. Servir la terrine, décorée de petites tomates rondes, de tranches de concombre, de rondelles de citron et de feuilles de salade verte.

VIN : Château La Blancherie, Graves blanc 92 (10-12°)

Menu

- *Consommé glacé*
- *Pot-au-feu d'été*
- *Sabayon aux fruits rouges*

◆ Pot-au-feu d'été
préparation : 40 mn / cuisson : 3 h minimum (à préparer la veille)

Ingrédients : 1,5 kg de gîte, 1,5 kg de macreuse, 2 langues de veau, 3 ou 4 os à moelle, 1kg de plat de côte (non gras), 3 feuilles de laurier, 3 oignons piqués de clous de girofle, 3 branches de céleri, 6 navets, 6 poireaux, 400 g de carottes, 6 pommes de terre, citron vert, huile d'olive, vinaigre, sel, poivre, thym, laurier, 2 salades au choix

Précuire pendant environ 30 mn les 2 langues de veau dans beaucoup d'eau et un peu de vinaigre, sel, poivre et laurier. Les sortir, enlever leur peau. Réserver.
Ensuite mettre toutes les autres viandes dans un faitout. Ajouter les os à moelle, les oignons, le céleri. Couvrir d'eau, saler et poivrer abondamment. Cuire à petit feu. Pendant ce temps, cuire à part les pommes de terre. Après avoir lavé tous les autres légumes, les ajouter à la viande au bout d'1 h de cuisson, et cuire encore 1 h, puis ajouter enfin les langues de veau et laisser mijoter 30 mn.
Retirer du feu. Egoutter les légumes. Garder le bouillon, le dégraisser, le passer, le laisser refroidir pour le servir ensuite glacé en tasses.

Couper les carottes, les navets et les poireaux en petites rondelles et en dés, les mélanger, faire de même avec les pommes de terre. Assaisonner d'huile d'olive, de citron vert, sel et poivre.

Préparer les assiettes avec une tranche de chaque viande, de la salade, des petits tas de légumes et un morceau de moelle sur un petit canapé. Si on préfère un grand plat, il faut aussi découper les viandes à l'avance, les légumes et la salade seront présentés à part. Ne pas oublier de disposer sur la table petits cornichons, oignons au vinaigre, différentes moutardes et raifort.

VIN : Beaujolais-Villages 92 (13-15°)

Menu

◆ *Gaspacho comme en Andalousie ou bortsch aux betteraves rouges crues*
◆ *Filets de poissons marinés à l'aneth**
◆ *Fromages*
◆ *Salade de fruits exotiques*

◆ Gaspacho comme en Andalousie
préparation : 20 mn

Ingrédients : 1 concombre, 2 kg de tomates, 2 poivrons (un rouge, un jaune), 2 oignons, 4 gousses d'ail, 200 g de mie de pain, 3 citrons, 4 cuillerées à soupe d'huile d'olive, feuilles de basilic, sel et poivre

Epépiner les tomates. Dans un mixer mettre 1/2 concombre, 3/4 des tomates, 1/2 poivron jaune, 1/2 poivron rouge (retirer la peau des poivrons), les oignons, l'ail, la mie de pain, l'huile d'olive, le jus des citrons, saler, poivrer. Si le liquide est trop épais, compléter avec du jus de tomate. Servir glacé avec à part le reste des légumes : concombres, tomates, poivrons coupés en petits dés que l'on met sur la table.

* Voir recette dans *Le chaud et le froid*.

◆ Bortsch aux betteraves rouges crues
préparation : 10 mn / cuisson : 30 mn

Ingrédients : 1,5 kg de betteraves crues, 1 citron, 1 pot de 50 cl de crème fraîche ou 2 œufs, 1 cuillerée à soupe de sucre, sel, poivre

Préparer la veille ou le matin.
Eplucher, rincer et couper en tranches fines les betteraves. Les mettre à cuire dans 3 l d'eau bouillante, saler, poivrer. Baisser le feu et laisser bouillir doucement environ 30 mn. Une fois les betteraves cuites (la pointe du couteau doit y pénétrer facilement), les passer. Ne garder que le jus auquel on ajoute le citron pressé et le sucre. Laisser refroidir. Dans un récipient, verser la crème ou les œufs battus, puis le consommé de betterave.

Menu

◆ *Potage à l'avocat glacé
ou avocats aux œufs de saumon*
◆ *Rôti de porc au gingembre*
◆ *Salade de lentilles*
◆ *Plateau de fromages*
◆ *Sorbets*

◆ Potage à l'avocat glacé
préparation : 20 mn

Ingrédients : 4 ou 5 avocats, 300 g de crème fraîche, un bouquet de cerfeuil haché, 1 cuillerée d'estragon haché, 1 l de bouillon de volaille maggi, sel, poivre, tabasco

Mixer la chair des avocats, avec de la crème fraîche, le cerfeuil haché et l'estragon. Ajouter le bouillon, sel, poivre et le tabasco (1 ou 2 cuillerées à café selon le goût). Faire glacer au réfrigérateur. Servir en tasses avec des petits croûtons.

◆ Avocats aux œufs de saumon

Les avocats doivent être gros et d'excellente qualité. Servir dans une assiette sur fond de salade verte 1/2 avocat (mûr mais sans excès), coupé en tranches, décoré d'œufs de saumon et accompagné d'une vinaigrette au citron et à l'aneth.

◆ Rôti de porc au gingembre
préparation : 15 mn / cuisson : 2 h

Ingrédients : 1,8 kg de filet de porc, 2 l de lait, ail, sel, poivre, 1 morceau de gingembre frais

Inciser le rôti de porc à deux ou trois endroits pour y introduire des morceaux d'ail entier et épluchés. Le faire revenir quelques instants de tous côtés dans une cocotte. Le retirer du feu, parsemer la viande de gingembre frais et râpé, avant de la recouvrir de lait. Saler et poivrer. Faire cuire à feu doux pendant 2 h.

La cuisson dans le lait donne une viande parfaitement blanche et très lisse et le gingembre parfume délicieusement. Laisser refroidir puis mettre au réfrigérateur. Pour servir, couper des tranches très fines, décorer le plat de tomates et de cornichons.

VIN : Côtes de Saint-Mont Collection, rouge 92 (15°)

Menu

◆ *Melon et jambon de Parme*
ou jambon de Parme et figues
◆ *Thon à la purée de tomates*
et de poivrons
◆ *Flan à la noix de coco*

◆ Melon et jambon de Parme

Couper le melon en quartiers assez minces et le servir avec de fines tranches de Parme. Pour les figues, elles doivent être bien mûres et ouvertes en quatre comme une fleur.

◆ Thon à la purée de tomates et de poivrons
préparation : 20 mn / cuisson : 15 mn

Ingrédients : 8 tranches de thon de 150 g chacune au moins, 2 kg de tomates, 3 poivrons verts, 3 gousses d'ail, thym, persil et coriandre fraîche

Cuire les tomates au four, sans matière grasse, avec du thym. Une fois cuites, les égoutter pour en faire sortir l'eau et les passer. Faire cuire de la même façon les poivrons et les émincer très fin. Puis faire une purée des tomates et des poivrons, ajouter l'ail, poivrer et saler.

Dans un plat allant au four, mettre un peu de cette purée sur laquelle on pose les tranches de thon. Faire cuire 10 à 20 mn selon que l'on aime le poisson plus ou moins cuit. Quelques instants avant la sortie du four, couvrir le thon avec les restes de la purée. Laisser refroidir et, avant de mettre au réfrigérateur, disposer sur le dessus une grosse quantité de persil et de coriandre fraîche.

VIN : de Pays des Côtes de Thau (9°)

Menu

◆ *Cocktail de homard*
◆ *Poulet en gelée au foie de canard*
◆ *Salade de pommes de terre*
◆ *Tarte à l'orange*

◆ Cocktail de homard
préparation : 30 mn

Ingrédients : 2 homards cuits de 800 g, 150 g de crème fraîche, 1 belle laitue, ketchup, sauce tabasco, citron (on peut trouver chez Picard Surgelés des homards à un prix raisonnable)

Couper la laitue en fines lanières, en garnir le fond des coupes. Sortir avec soin les homards de leur carapace, en retirer toutes les parties comestibles, y compris celles des pattes et des pinces. Répartir les chairs dans les coupes. Préparer la sauce avec deux tiers de ketchup, un tiers de crème et quelques gouttes de tabasco. En mettre 2 ou 3 cuillerées dans chaque coupe. Décorer d'une tranche de citron. On peut aussi remplacer le homard par du crabe frais ou en boîte.

◆ Poulet en gelée au foie de canard
préparation et cuisson de la gelée : 1 h au total

Ingrédients : 2 poulets rôtis (vous pouvez les acheter cuits, mais bien chauds chez le traiteur), 400 g de pâté de foie de canard, estragon haché, gelée maggi (2 sachets), sel, poivre, 1/2 verre à vin de cognac, armagnac ou porto

Eplucher les poulets rôtis quand ils sont encore chauds, enlever la peau, les filets noirs, les émincer. Au fond d'un plat creux où l'on a mis quelques feuilles d'estragon, mettre les morceaux les plus jolis, saler, poivrer, éparpiller un peu d'estragon haché, recouvrir d'une légère couche de pâté de foie. Recommencer l'opération 2 ou 3 fois sans oublier d'assaisonner chaque fois.

Préparer la gelée en suivant les indications portées sur le sachet. La parfumer avec du cognac, de l'armagnac ou du porto, saler et poivrer au goût.

Attendre que la gelée refroidisse puis en recouvrir entièrement le poulet et mettre au réfrigérateur. Pour servir, démouler d'abord le poulet en gelée en mettant le plat creux dans l'eau chaude. Le renverser dans un grand plat décoré de feuilles de laitue, de rondelles de tomates, d'œufs durs et d'olives noires. Le poulet se découpe alors parfaitement en tranches.

VIN : Coteaux de Saumur demi-sec 88 (10°)

Menu

◆ *Flan à la tomate*
◆ *Truite saumonée en gelée*
◆ *Fromages de saison*
◆ *Salade de fruits et petits fours*

◆ Flan à la tomate
préparation : 15 mn / cuisson : 40 mn

Ingrédients : 1 fond de tarte pâte feuilletée, 8 tomates sans jus, 5 œufs, 1 dl de lait entier, 150 g de crème épaisse, 150 g de gruyère râpé, 4 gousses d'ail, basilic, sel et poivre

Laver, épépiner et peler les tomates plongées quelques instants dans l'eau bouillante. Les couper en petits morceaux, bien les égoutter pour qu'il y ait le moins d'eau possible. Si on prend des tomates en boîte, enlever le jus. Battre les œufs entiers en omelette. Ajouter le lait, les tomates, la crème, le gruyère râpé, l'ail et le basilic haché. Saler, poivrer. Bien mélanger le tout. Verser sur la pâte à tarte et faire cuire environ 40 mn au four à feu doux. La pâte a pu être mise quelques minutes auparavant au four mais pas nécessairement.

Manger froid ou tiède avec de la crème fraîche à côté.

◆ Truite saumonée en gelée
préparation : 10 mn / cuisson : 30 à 40 mn

Ingrédients : 1 gros poisson (1,5-2 kg), 100 g d'oignons, 3/4 l de bourgogne blanc, 200 g de carottes, 1 sachet de gelée, thym, persil, sel, poivre

Faire vider la truite par le poissonnier. La plonger dans un court-bouillon tiède (1 l d'eau, rondelles de carottes, oignons, thym, persil, sel et poivre) auquel on a ajouté le vin de Bourgogne. Faire cuire le poisson à feu doux 10 mn, puis laisser refroidir avant de le retirer. Mettre un sachet de gelée maggi dans le court-bouillon, bien délayer la poudre en réchauffant jusqu'à ébullition. Recouvrir la truite de gelée. La mettre au réfrigérateur.

Servir en décorant le plat de rondelles de tomates et d'estragon, accompagné d'une sauce verte. C'est un plat parfait à préparer la veille.

VIN : Saint-Joseph rouge 91 (15°)

Menu

- *Artichauts à la grecque*
- *Jambonneau, salade de maïs et de haricots rouges*
- *Fromages*
- *Moelleux au chocolat*

◆ Artichauts à la grecque
préparation : 15 mn / cuisson : 10 mn

Ingrédients : 8 fonds d'artichaut frais, 3 cuillerées à soupe d'huile d'olive, 3 gousses d'ail, le jus de 3 citrons, coriandre, thym et romarin en poudre, 400 g de « feta » (fromage grec) ou fromage de chèvre frais, sel et poivre

Préparer un court-bouillon en ajoutant à 1 l d'eau les 3 cuillerées à soupe d'huile d'olive, l'ail haché, la coriandre, le thym, le romarin, le jus de deux citrons, le sel et le poivre. Faire cuire les fonds d'artichaut dans ce mélange pendant 10 mn après l'ébullition. Egoutter. Dans un bol, préparer l'assaisonnement en battant à la fourchette l'huile d'olive et le jus d'un citron, saler, poivrer. Ajouter le fromage écrasé.

Remplir les fonds d'artichaut avec ce mélange.

Présenter dans un plat décoré de feuilles de cresson, de rondelles de citron et d'olives noires.

◆ Jambonneau

Le mieux, c'est de l'acheter chez un très bon charcutier (pour 8 personnes, on peut en prendre 2 petits). L'accompagner de moutarde, de cornichons et de petits oignons blancs au vinaigre, et d'une salade de haricots rouges et de maïs, avec des triangles d'ananas.

VIN : Collobrières Côtes-de-Provence rosé (10°)

Menu

* *Tomates-mozarella au basilic ou salade de pâtes*
* *Steak tartare*
* *Brie*
* *Salade de fruits rouges*

◆ Tomates-mozarella au basilic

L'essentiel est de prendre des tomates d'excellente qualité. Les couper en tranches ou en quartiers, accompagnées de tranches de mozarella, mettre du basilic frais haché dans la vinaigrette et présenter avec des feuilles de basilic.

◆ Salade de pâtes

Voir rubrique *Salades*.

◆ Steak tartare
préparation : 10 mn

Ingrédients : 1,5 kg de viande hachée de qualité supérieure, achetée à la dernière minute, 8 œufs, persil, oignons, câpres, moutarde, huile, sel, poivre, worcester sauce, tabasco

Mettre la viande dans un saladier creux, mélanger avec 1 jaune d'œuf par personne, une bonne quantité de moutarde, oignons coupés fin (quantité selon le goût), 3 à

4 cuillerées à soupe d'huile, sel, poivre, persil haché et câpres, ajouter de la worcester sauce et du tabasco.
Le steak tartare est vraiment bon quand il est bien relevé. Un inconvénient : tout le monde n'aime pas la viande crue. Il est donc bon d'acheter aussi quelques tranches de viande des Grisons ou de jambon de Parme.

VIN : Domaine Gavoty, Côtes-de-Provence rouge 88 (15°)

> **Menu**
>
> ◆ *Mousse légère de saumon fumé*
> ◆ *Côtelettes russes au cumin*
> ◆ *Salade d'endives et noix*
> ◆ *Plateau de fromages*
> ◆ *Crumble*

◆ Mousse légère de saumon fumé
préparation : 40 mn

Ingrédients : 16 tranches fines de saumon fumé (environ 800 g), 300 g de crème fraîche, sel, poivre, brins de ciboulette, persil, aneth ou estragon

Passer au mixer 8 tranches de saumon fumé afin de les réduire en purée. Dans un saladier, fouetter cette purée avec 8 cuillerées à soupe de crème fraîche jusqu'à obtenir une pâte homogène. Dans un autre saladier, monter le restant de crème avec un fouet et l'incorporer à la purée précédente jusqu'à former une mousse légère et rosée. Saler, poivrer.

Répartir la mousse sur les tranches de saumon restant, en laissant les bords libres, puis replier la tranche comme pour un chausson.

Les disposer sur un plat décoré avec les herbes.

◆ Côtelettes russes au cumin
préparation : 15 mn / cuisson : 20 mn

Ingrédients : 1,4 kg de veau haché fin (quasi de veau), 2 oignons coupés fin, sel, poivre, persil haché, 2 œufs, 8 biscottes, cumin, huile, beurre

Faire revenir les oignons coupés fin.

Dans un saladier, mettre la viande, saler, poivrer, ajouter le persil (copieusement), les 2 œufs. Bien mélanger, ajouter les biscottes préalablement trempées dans l'eau, puis les oignons. Faire des boulettes de bonne taille, les parfumer au cumin (au goût). Les rouler dans la chapelure. Dans une cocotte, faire dorer les boulettes dans un mélange d'huile et de beurre, puis couvrir la cocotte et les faire cuire à feu très doux environ 15 mn. Laisser refroidir. Accompagner d'une salade de pommes de terre ou d'endives et noix.

VIN : Château Patache d'Aux, cru bourgeois Médoc 90 (16°)

> **Menu**
>
> ♦ *Potage glacé aux concombres*
> ♦ *Pain de foie de volaille,*
> *salade de chêne à l'huile de noix*
> ♦ *Plateau de fromages*
> ♦ *Tarte au citron*

♦ Potage glacé aux concombres
préparation : 20 mn

Ingrédients : 2 concombres, 4 yaourts nature, 1 citron 1/2, menthe fraîche, sel, poivre, fenouil, raisin blanc

Eplucher 2 concombres, enlever les pépins, les passer au mixer avec 4 yaourts nature, le jus d'un citron 1/2, 10 feuilles de menthe fraîche, saler, poivrer. Râper un bulbe de fenouil dont on a au préalable enlevé les fils. Mélanger tous ces éléments. Ajouter quelques grains de raisins blancs. Servir glacé.

♦ Pain de foie de volaille
préparation : 24 h à l'avance et en 15 mn / cuisson : 15 mn

Ingrédients : 150 g de lard frais, 700 g de foies de volaille, 1 branche de thym, 1 feuille de laurier, 1 cuillerée d'échalotes hachées, 1 verre de porto, 130 g de beurre, 5 blancs d'œuf, sel et poivre

Couper le lard en dés, le faire fondre dans une poêle. Lorsqu'il est fondu, mettre les foies, ajouter le thym, le laurier et verser dans une passoire. Recueillir la graisse pour un usage ultérieur.

Réserver dans un plat lardons et foies, et laisser reposer 1/2 h après avoir arrosé de porto. Passer le tout à la moulinette avec grille très fine, incorporer le beurre ramolli, puis les blancs battus en neige ferme.

Mettre dans une terrine au frais. Servir avec une salade de chêne.

Menu

- *Avocats farcis*
- *Saumon froid*
- *Salade de concombres*
- *Plateau de fromages*
- *Mousse au chocolat ou framboises (selon saison)*

◆ Avocats farcis au crabe et aux pamplemousses
préparation : 30 mn

Ingrédients : 1 avocat par personne, 2 boîtes moyennes de crabe, 4 pamplemousses coupés en petits morceaux, 1 vinaigrette bien relevée avec huile de noix, citron, coriandre, moutarde, worcester sauce, sel et poivre

Otez les noyaux et remplissez les avocats du mélange de crabe, de pamplemousse et de vinaigrette.

◆ Saumon froid
préparation : 10 mn / cuisson : 30 mn

Ingrédients : 1 saumon de 2 kg, estragon, citron, sel

Demandez à votre poissonnier d'enlever l'arête centrale. Mettre à l'intérieur du saumon l'estragon et les tranches de citron, saler et faire cuire au court-bouillon, ou au four en papillote, environ 30 mn. Laisser refroidir, enlever la peau et décorer d'olives, de citrons, d'œufs durs. Accompagner d'une sauce mousseline aux herbes.

Pour la salade de concombres, vous pouvez utiliser la même sauce que pour les avocats. La mousseline est une mayonnaise à laquelle on ajoute un blanc d'œuf battu et beaucoup d'herbes.

Menu

- *Asperges sauce mousseline ou salade*
- *Pintade froide sur lit d'endives*
- *Fromages*
- *Œufs à la neige*

◆ Asperges
préparation : 45 mn / cuisson : 20 mn

Ingrédients : 8 à 10 asperges par personne, soit environ 3 kg

Couper le bout dur et terreux. Eplucher la partie blanche. Faire cuire dans l'eau salée. Bien sécher, et servir dans un plat recouvert d'une serviette.

◆ Pintade froide sur lit d'endives
préparation : 10 mn / cuisson : 40 mn

Ingrédients : 2 pintades, 1 livre d'endives, ciboulette et coriandre, 1 barde de lard

La chair de la pintade étant peu grasse, l'entourer d'une barde de lard avant de la rôtir à four chaud 20 mn par livre. Laisser refroidir avant de découper. Servir sur un lit d'endives, accompagnée d'une vinaigrette relevée de ciboulette et de coriandre fraîche.

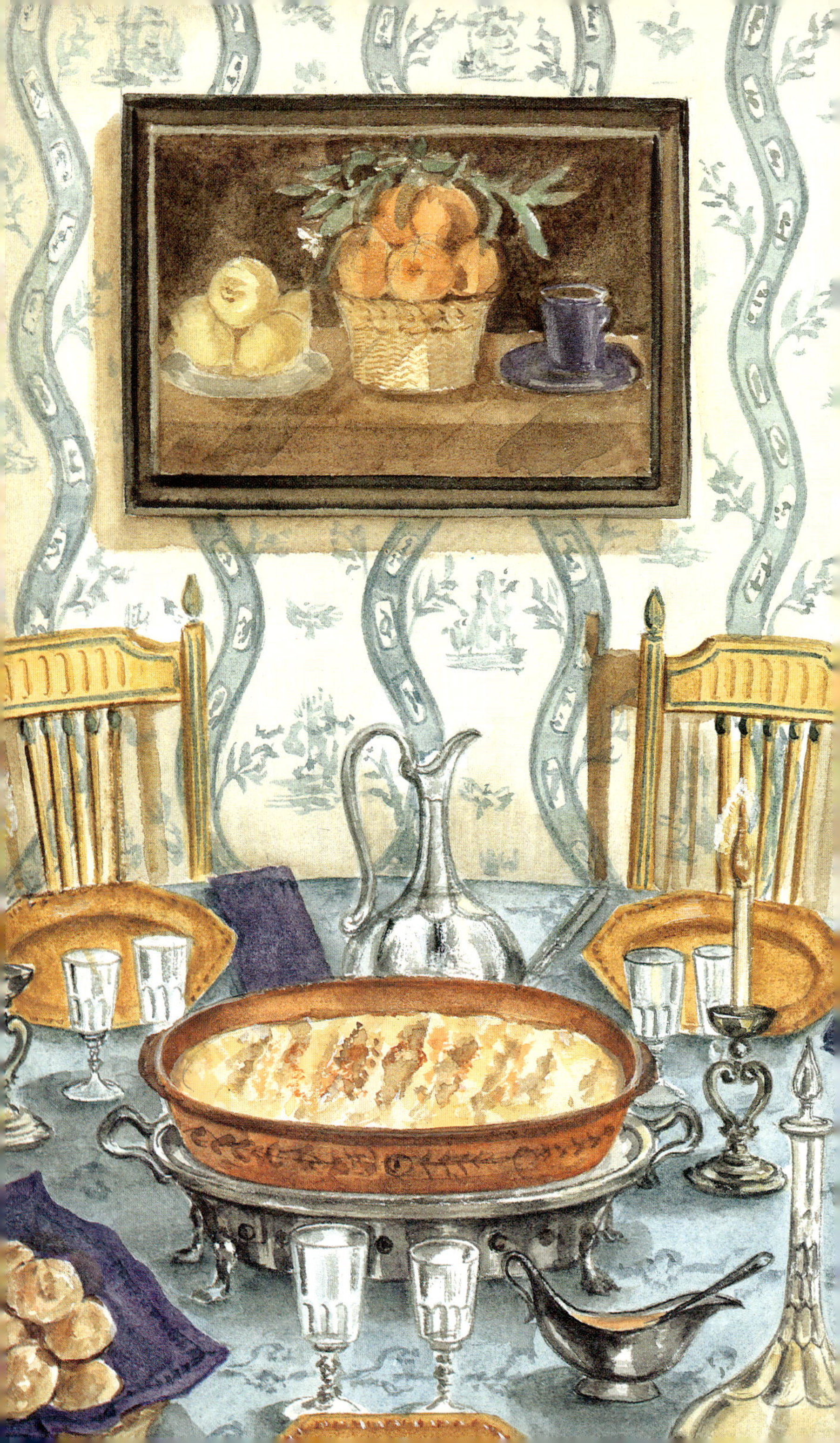

LES PLATS UNIQUES

Menu

◆ *Bœuf Strogonoff*
◆ *Salade mélangée*
◆ *Plateau de fromages*
(roquefort, chèvre, cantal)
◆ *Glace au café*

◆ Bœuf Strogonoff

préparation : 15 mn / cuisson : 15 mn

Ingrédients : 1,4 kg de filet de bœuf, oignons, 500 g de champignons de Paris, sel, poivre, noix de muscade, 1 citron, crème fraîche

Couper la viande en morceaux allongés comme un petit doigt. Faire revenir les oignons coupés en lamelles et la viande dans du beurre. Ajouter les champignons frais, coupés eux aussi en lamelles, saler, poivrer, râper la noix de muscade. Cuire 5 à 10 mn à feu doux, ajouter crème et jus de citron et maintenir chaud en prenant soin de ne pas laisser bouillir.

Accompagner de pommes de terre cuites à la vapeur et de cornichons.

VIN : Château de Tiregand, Pécharmant 90 (16°)

Menu

- *Choucroute*
- *Munster au cumin*
- *Glaces ou salade d'oranges*

◆ Choucroute

C'est un plat merveilleux pour l'hiver. Le mieux est de tout acheter chez un très bon charcutier.

Ingrédients : 2,4 kg de choucroute cuite, 1 grosse saucisse de morteau, 8 saucisses de Francfort, 5 morceaux de palette à partager en deux, 3 tranches de lard, 1 petit jambonneau. Demander du jus de cuisson pour faire réchauffer choux et viandes, ajouter vin blanc et clous de girofle. Vérifier l'assaisonnement (sel et poivre). Ne pas oublier de mettre sur la table de la moutarde forte et surtout du raifort.

BIERE OU VIN BLANC SEC : Saumur blanc 92 – Pinot noir Saint-Hippolyte 91 (10-12°), Alsace

Menu

◆ *Pot-au-feu et ses os à moelle*
◆ *Fromages : brie, tome de Savoie et roquefort*
◆ *Sorbets*

◆ Pot-au-feu et ses os à moelle
préparation : au moins 45 mn / cuisson : 3 h

Ingrédients : 2,5 kg de viande de bœuf (paleron, plat de côtes, gîte et jarret de veau, si on veut raffiner), 2 cubes de bouillon de pot-au-feu, 5 oignons, clous de girofle, bouquet garni, gros sel et poivre. Légumes : 15 carottes, 12 poireaux, 1 bonne livre de navets, éventuellement céleri en branche ou rave si on l'aime, 8 os à moelle, pommes de terre

Dans une marmite d'eau froide, faire cuire la viande de bœuf avec les navets et carottes épluchés, le gros sel, le poivre, les oignons piqués de clous de girofle, le bouquet garni + 2 cubes de bouillon de pot-au-feu. Au bout d'1/2 h ajouter le jarret de veau, les poireaux liés par une petite ficelle et le céleri.

Laisser cuire au minimum 3 h à feu moyen. Le mieux est de le faire cuire la veille ou le matin et de le réchauffer avant le dîner. Ecumer à plusieurs reprises.

Faire cuire 5 mn à la vapeur les os à moelle enveloppés dans du papier d'aluminium.

Accompagner de pommes de terre. Cuites dans le bouillon que l'on a filtré dans une passoire très fine, elles seront plus moelleuses et auront meilleur goût.
La viande est servie découpée dans un grand plat, entourée de ses légumes. Présenter les pommes de terre à part et placer une tasse de bouillon à côté de chaque assiette. Ne pas oublier de mettre sur la table gros sel, moutarde, cornichons, petits oignons blancs.

VIN : Côte de Beaune-Villages, Domaine Bachelet 89 (16°) – Saint-Emilion, Château Puy du Chay 89 (16-17°)

Menu

- *Gigot d'agneau*
- *Gratin dauphinois
  ou gratin de courgettes*
- *Fromages*
- *Tarte aux fruits*

◆ Gigot d'agneau
préparation : 10 mn / cuisson : 45 mn

Ingrédients : 1 gigot d'environ 2 kg, ail en morceaux, thym, poivre, sel, estragon selon le goût

Ailler le gigot en introduisant 3 à 4 gousses d'ail dans des fentes pratiquées dans la viande, poivrer, parsemer de thym, ne saler qu'après la cuisson. Mettre au four déjà très chaud environ 40 mn, avec un fond d'eau dans le plat.

Il existe des sacs spéciaux pour faire cuire les gigots, l'avantage c'est que le gigot cuit dans son jus et qu'ainsi on ne salit pas le four. On peut aussi y faire cuire des pommes de terre. On les trouve dans les grands magasins, par exemple à la Samaritaine ou au BHV.

◆ Gratin dauphinois
préparation : 30 mn / cuisson : 1 h 30

Ingrédients : 1,5 kg de pommes de terre, beurre ou margarine, sel, poivre, noix de muscade, 1/2 l de lait, 2 œufs, 150 g de gruyère râpé

Frotter d'ail et de beurre ou de margarine un plat allant au four de 6 à 7 cm de haut.

Mettre en couches successives 1,5 kg de pommes de terre épluchées, lavées, séchées et coupées en rondelles. Laisser 2 cm en haut du plat pour que les pommes de terre puissent gonfler à l'aise. Entre chaque couche on met un peu de sel, du poivre de muscade et du gruyère râpé. Couvrir les pommes de terre avec un mélange d'1/2 l de lait et de 2 œufs battus puis ajouter une fine couche de gruyère râpé et de petits morceaux de margarine ou de beurre.

Faire cuire au four préchauffé pendant 1 h 30.

◆ Gratin de courgettes
préparation : 15 mn / cuisson : 50 mn

Ingrédients : 3 kg de courgettes (les courgettes réduisent à la cuisson), 1 grosse botte de persil, 150 g de gruyère râpé, beurre, crème fraîche, 1 cuillerée à café de semoule, sel, poivre, thym, ail

Faire cuire les courgettes à la vapeur. Les couper en rondelles puis les écraser en ajoutant 1 cuillerée à café de semoule pour absorber l'eau. Saler, poivrer, ajouter le thym et une grosse botte de persil haché.

Ailler le plat à mettre au four, y verser les courgettes en purée. Ajouter dessus des petits morceaux de beurre.

Mélanger la crème fraîche et le gruyère râpé, napper les courgettes et mettre au four très chaud 15 à 20 mn, en surveillant pour que le gratin ne brûle pas.

Menu

- *Blanquette de veau*
- *Salade de mâche et de betteraves*
- *Un fromage : vacherin ou brie*
- *Glace à la vanille – sauce chocolat*

Blanquette de veau
préparation : 45 mn / cuisson : 1 h 30

Ingrédients : choisir une viande maigre et sans os. Environ 2 kg, de préférence dans l'épaule, 1 livre de carottes, 1 livre de champignons, 8 poireaux, 2 oignons, un bouillon maggi de veau, Viandox liquide, sel, poivre, huile, farine, 1 jaune d'œuf, crème fraîche, persil, citron, ail, bouquet garni ficelé

Huiler une cocotte, y faire revenir les morceaux de viande, mais sans les laisser dorer.

Faire à part un bouillon maggi de veau (1,5 l) auquel on ajoute 1 cuillerée de Viandox liquide.

Eplucher carottes, poireaux, oignons, ail, ajouter le bouquet garni ficelé. Mettre tous les légumes sur la viande, recouvrir de bouillon. Faire cuire pendant 1 h 30. Quand ça bout, réduire le feu.

La sauce, voilà l'important. Faire cuire à part des champignons coupés dans une poêle avec sel et poivre, un filet d'huile. Mettre dans une casserole 2 cuillerées de farine avec un peu de beurre et mélanger avec une cuillère en bois. Ajouter le bouillon de la viande que l'on a passé dans un chinois très fin puis les champignons. Faire cuire 10 mn à feu très doux. Le feu arrêté, on rajoute 1 jaune d'œuf, 1 cuillerée et demie à soupe de crème fraîche. Mélanger le tout avec un jus de citron et du persil coupé fin. On accompagne la blanquette d'un riz blanc.

VIN : Muscadet sur Lie 92, Château du Rocher – Saint-Philibert (9°) – Rosé de Savoie, Château La Gentilhommière 91 (10-12°)

Menu

- *Lotte aux coquilles Saint-Jacques*
- *Couronne de riz*
- *Plateau de fromages variés*
- *Salade de fruits et petits fours*

◆ Lotte aux coquilles Saint-Jacques
préparation : 2 h / cuisson : 45 mn

C'est un plat cher et long à préparer (il est bien d'ailleurs de le préparer le matin pour le soir) mais délicieux et raffiné.

Ingrédients : 1,5 kg de lotte, 16 filets de sole, 16 coquilles Saint-Jacques, 16 langoustines, une tête de colin, crevettes décortiquées de taille moyenne. (Pour en faire un plat plus économique, on peut utiliser des filets de limande et ne pas prendre de langoustines.) Bouillon de poisson, thym, 1 verre de vin blanc, 4 cuillerées de farine, 100 g de beurre, 1 pincée de muscade, 1 boîte de bisque de homard, 1 petit verre de whisky, 1 pot de crème fraîche, 250 g de gruyère râpé, sel, poivre

Faire un court-bouillon avec les coquilles des crustacés, les arêtes de sole et une tête de colin. Une fois le court-bouillon prêt, le passer, ajouter 1 verre de vin blanc et saler.

Faire par ailleurs pocher dans de l'eau salée les poissons pendant 5 mn.

Avec le court-bouillon faire une béchamel sans lait

(4 cuillerées de farine, 100 g de beurre, sel, poivre et noix de muscade). Ajouter 1 boîte de bisque de homard. Si la béchamel est trop claire, ajouter une petite boîte de concentré de tomates.

Faire revenir les coquilles Saint-Jacques, les langoustines, les crevettes dans un peu de beurre. Ajouter 1 petit verre de whisky et faire flamber.

Mélanger la béchamel et les coquillages, ajouter la crème fraîche et 250 g de gruyère râpé.

Au fond d'un grand plat, étaler un peu de cette sauce, y placer le poisson (lotte et filets de sole) et napper avec le restant de la béchamel.

Mettre au four très chaud 45 mn. Servir avec un riz en couronne.

VIN : Sancerre blanc 92, Les Champs Clos (10-12°) – Cassis blanc, domaine de la Ferme blanche 91 (10-12°)

> **Menu**
>
> ◆ *Ragoût de veau à l'orange*
> ◆ *Carottes, haricots verts,*
>   *petits pois ou riz*
> ◆ *Fromages de chèvre*
> ◆ *Salade de fraises et kiwis ou tarte*

◆ Ragoût de veau à l'orange
préparation : 20 mn / cuisson : 1 h 15

Ingrédients : 2 kg de haut de côtelettes de veau taillées dans le tendron ou dans l'épaule, 2 cuillerées à café de farine, 1 verre de vin blanc, 1 gousse d'ail plus 1 petite d'échalote, bouquet garni (thym, romarin, sauge), sel, poivre, écorces d'oranges séchées, 500 g de tomates pelées fraîches ou en boîte, 1 orange fraîche dont on garde quelques zestes pour décorer, sucre

Faire revenir la viande à feu modéré. Saupoudrer ensuite avec 2 cuillerées à café de farine. Faire revenir à nouveau les morceaux en les retournant.

Ajouter la gousse d'ail et l'échalote pressée, le bouquet garni, le sel, le poivre, 2 ou 3 écorces d'oranges séchées et les tomates pelées (fraîches ou en boîte). Si elles sont en boîte, remplacer leur jus par un verre de jus de tomate à boire. Couvrir et laisser cuire pendant 1 h (jusqu'à ce que les morceaux de viande aient tendance à se détacher de l'os).

Ajouter alors 2 pincées de sucre et, le jus d'1/2 orange. Rectifier l'assaisonnement sel et poivre. Cuire encore 5 mn à tout petit feu. Parsemer le plat de persil haché et de zestes d'oranges hachés finement découpés avec un couteau économe. Accompagner de légumes verts de saison, et éventuellement de riz thaïlandais ou basmati ou de pommes de terre nouvelles.

On peut parfaitement préparer ce plat la veille ou le matin.

VIN : Chinon 90, domaine de Beauséjour (15-16°)

Menu

- *Rôti d'agneau à la menthe et chèvre frais*
- *Pommes de terre à la sarladaise*
- *Salade de mâche*
- *Glace à la vanille et amandes grillées*

◆ Rôti d'agneau à la menthe et chèvre frais
préparation : 15 mn / cuisson : 50 mn

Ingrédients : 2 kg d'agneau dans le gigot à faire préparer par le boucher, fromage de chèvre en faisselle, 2 bouquets de menthe fraîche, sel, poivre, 3 à 4 gousses d'ail

Préparer au fond d'un plat un lit de menthe et d'ail coupés très fin. Y placer l'agneau enduit d'un mélange de fromage de chèvre et de menthe finement hachée. Saler, poivrer, mettre au four.

◆ Pommes de terre à la sarladaise
cuisson : 45 mn

Ingrédients : 2,5 kg de pommes de terre, graisse d'oie, persil, ail, sel, poivre

Faire cuire dans de la graisse d'oie. Sortir à l'aide d'une spatule, poser dans un plat sec, puis réchauffer à la poêle avec du persil et 2 ou 3 gousses d'ail haché. Saler. Poivrer.

Menu

- *Daube accompagnée de tagliatelles*
- *Fromages de chèvre*
- *Salade de pamplemousses et d'oranges à la menthe*

♦ Daube accompagnée de tagliatelles
préparation : 20 mn / cuisson : 2 h 30

Ingrédients : 2 kg de bœuf dans la macreuse à bifteck, coupés en morceaux, 1 pied de veau, 300 g de lard frais de poitrine non fumé, oignons, ail, clous de girofle, laurier, thym, persil, 1 bonne livre de carottes, 1 verre de vinaigre, huile d'olive, écorces d'orange, 1 l de vin rouge de Bourgogne, sel et poivre, 1 ou 2 carrés de chocolat noir

Faire mariner pendant au moins 12 h les morceaux de viande et le lard dans le mélange vinaigre, vin, clous de girofle, thym, laurier, écorces d'orange séchées, carottes coupées en rondelles. Egoutter et essuyer. Faire ensuite revenir dans un fond d'huile d'olive les oignons, puis la viande. Recouvrir de la marinade, porter à ébullition, puis réduire et faire cuire à feu doux pendant 2 h 30. Au dernier moment ajouter un carré de chocolat noir. Cuire les tagliatelles « al dente » dans une grande quantité d'eau bouillante salée. Rincer rapidement à l'eau froide.

VIN : Crozes-Hermitage rouge 90 (15-16°)

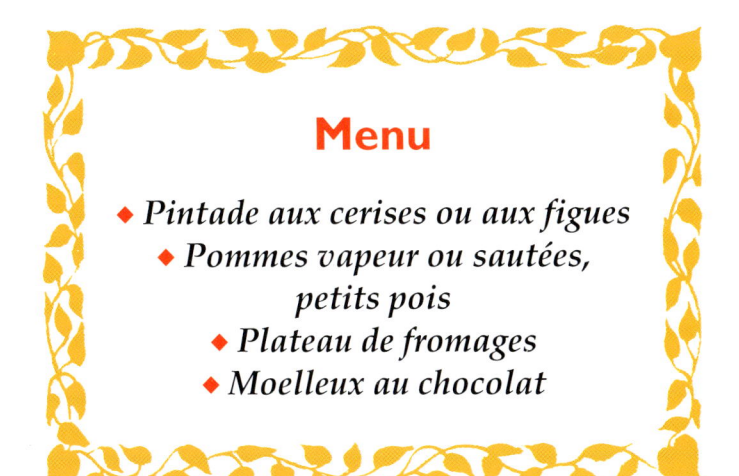

Menu

- *Pintade aux cerises ou aux figues*
- *Pommes vapeur ou sautées, petits pois*
- *Plateau de fromages*
- *Moelleux au chocolat*

◆ Pintade aux cerises ou aux figues
(peut se faire aussi avec des canards, au four ou à la cocotte)
préparation : 20 mn / cuisson : environ 1 h 15

Ingrédients : 2 pintades, ail, thym, bouillon de poulet en cube, 5 parfums chinois, sel et poivre, 12 oignons, 1 livre de cerises dénoyautées ou de figues, vinaigre à l'estragon

Faire revenir dans la cocotte les pintades en mouillant avec du bouillon de poulet en cube et en ajoutant les épices et l'ail. En même temps faire revenir à part à feu très doux et couvert une douzaine d'oignons coupés en lamelles pendant 20 mn. Ajouter aux oignons les cerises ou les figues qu'on laisse mijoter (5 mn pour les cerises, 15 mn pour les figues).

Quand le mélange est réduit en purée, le disposer autour de la pintade dans la cocotte, ajouter 1/2 verre de vinaigre à l'estragon.

Laisser mijoter le tout jusqu'à la tendresse (environ 1 h) en prenant soin de tourner de 1/4 d'h en 1/4 d'h la volaille sur chacune des 4 faces.

Accompagner de pommes de terre vapeur ou sautées et de petits pois ou de haricots extra-fins.

VIN : Arbois Poulsard 90 (17-18°) – Pour le dessert : Banyuls (15-16°)

Menu

♦ *Ratatouille de poissons et coquillages*
♦ *Fromages de chèvre*
♦ *Tarte aux fruits*

♦ Ratatouille de poissons et coquillages
préparation : 60 mn / cuisson : 2 à 3 h

Ingrédients : 2,5 kg de moules ou de coques, 1 kg de tomates, 4 aubergines, 2 poivrons (1 rouge, 1 vert), 6 courgettes, 3 oignons, 8 pommes de terre, 5 navets, 2 citrons, huile d'olive, thym, laurier, 6 gousses d'ail, coriandre en grains, paprika, sel, poivre, petit piment rouge, 6 à 8 tranches de thon, même quantité de filets de carrelet, cerfeuil et persil

Laver les aubergines, les poivrons, les courgettes, les couper en morceaux et les égoutter. Éplucher les pommes de terre, les navets, les oignons. Laver et gratter les moules. Laver et sécher les poissons et enlever les arêtes. Disposer les moules dans le fond d'un faitout, puis dans n'importe quel ordre les poissons et les légumes en plusieurs couches en les assaisonnant d'ail, de coriandre, de citron, saler et poivrer. On peut selon le goût ajouter de l'huile d'olive et le petit piment rouge coupé en morceaux. Couvrir et mettre ensuite à cuire à feu très doux pendant 3 h. Au bout d'1 h ajouter les tomates dont on a enlevé la peau après les avoir plongées 1 mn dans l'eau bouillante.

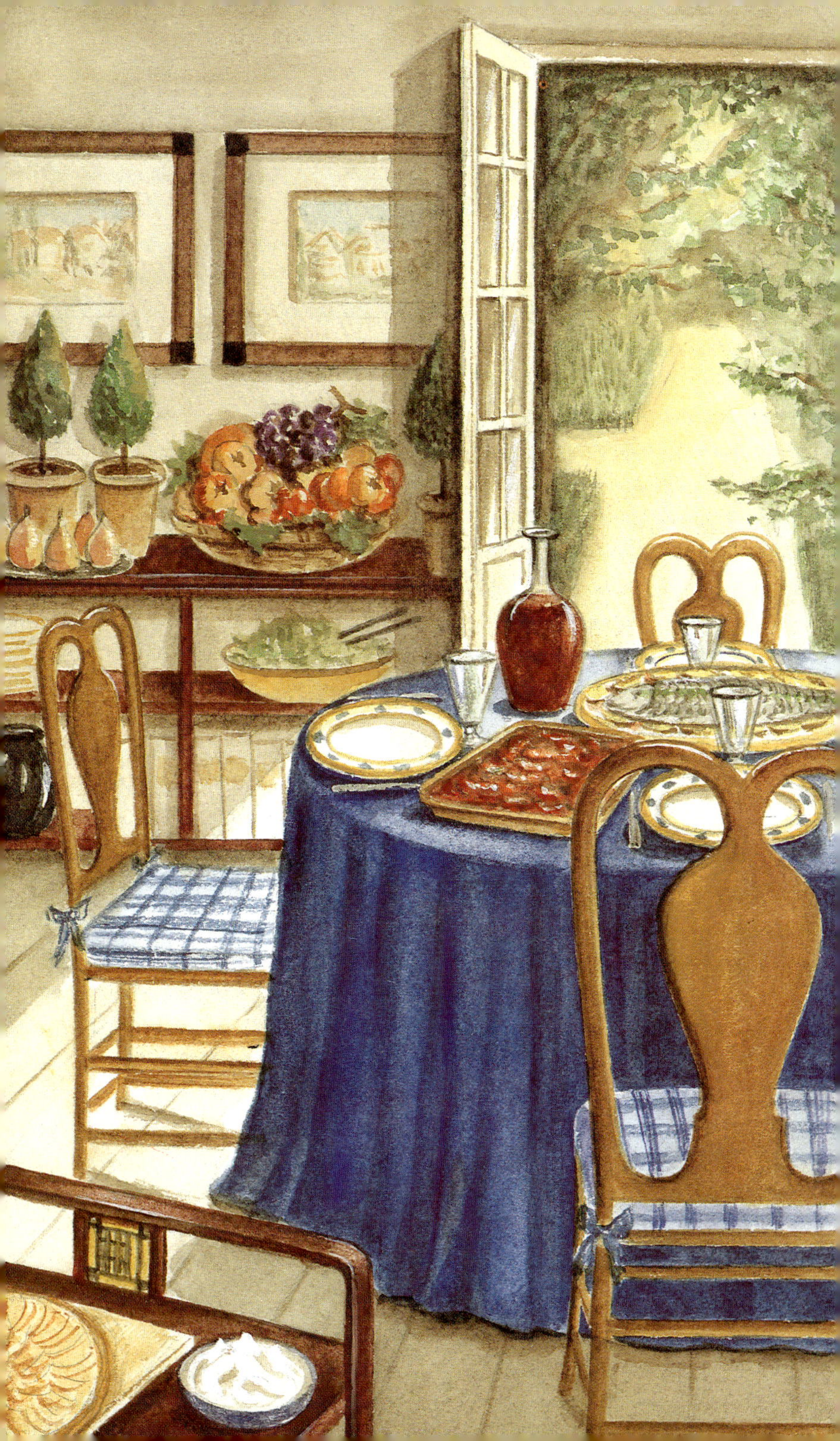

Menu

- *Rôti de porc aux pruneaux*
- *Salade d'endives*
- *Plateau de fromages variés*
- *Crème au caramel*

◆ Rôti de porc aux pruneaux
préparation : 10 mn / cuisson : 2 h

Ingrédients : 1,8 kg de porc dans le filet, 700 g de pruneaux, bouillon cube de pot-au-feu ou de viande de bœuf, moutarde forte, sel, poivre, noix de muscade, ail

Faire revenir dans une cocotte et dans sa graisse le rôti de porc bardé (et dans lequel on a introduit 3 ou 4 morceaux d'ail entier). On ajoute du sel et du poivre chaque fois qu'on le retourne. Une fois qu'il est doré, l'enlever de la cocotte et enduire la viande de moutarde.

Dans cette même cocotte, diluer un bouillon cube dans 1/2 l d'eau, puis placer la viande. Faire mijoter à petit feu. Au bout d'1/4 h, ajouter les pruneaux et la noix de muscade râpée.

Cuire 2 h.

Accompagner le rôti de riz basmati ou de pâtes.

Cuisson du riz : mettre dans l'eau chaude, faire bouillir 4 mn, égoutter et faire frire dans un peu d'huile jusqu'à cuisson. Tourner, assaisonner.

Menu

- *Epaule d'agneau*
- *Pommes boulangère*
- *Salade de cresson*
- *Camembert et reblochon*
- *Mousse au chocolat*

◆ Epaule d'agneau pommes boulangère
préparation : 30 mn / cuisson : 1 h 15

Ingrédients : 2 épaules d'agneau non roulées, 6 gousses d'ail, thym, laurier, sel, poivre, 1,5 kg de pommes de terre nouvelles, huile

Couper les pommes de terre en rondelles. Les disposer au fond d'un plat à gratin avec 1 ou 2 gousses d'ail. Arroser d'un filet d'huile. Ajouter thym et laurier. Mettre au four chaud pendant 30 mn.

Poser ensuite dessus les épaules d'agneau enduites d'huile, salées, poivrées et percées chacune de 3 gousses d'ail. Cuire 45 mn à four très chaud en retournant l'épaule au moins une fois, toujours à four très chaud.

Si on aime la viande d'agneau plutôt confite, on peut laisser l'épaule dans le four, en baissant un peu le thermostat pour que les pommes de terre ne dessèchent pas.

VIN : Corbières, Château Saint-Marc 90

Menu

◆ *Osso buco, spaghettis*
◆ *Salade verte*
◆ *Plateau de fromages italiens*
◆ *Flan à la noix de coco*

◆ Osso buco, spaghettis
préparation : 25 mn / cuisson : 1 h 30

Ingrédients : 1,8 kg de jarret de veau coupé en tranches, 3 tomates, 600 g d'oignons, 750 g de carottes, 2 gousses d'ail, zeste d'orange râpé, bouquet garni, 1 grand verre de vin blanc sec, 1 verre d'huile d'olive, farine, sel, poivre, concentré de tomates

Fariner légèrement la viande, secouer pour en faire tomber l'excès, placer les tranches dans une cocotte avec l'huile déjà chaude (2 à 3 cuillerées), les faire dorer de chaque côté. Ajouter 3 ou 4 oignons, les carottes coupées, 2 gousses d'ail hachées, 1/2 cuillerée de zeste d'orange râpé. Arroser d'un verre de vin blanc sec et laisser réduire. Ajouter ensuite 4 tomates épluchées, épépinées et coupées en gros morceaux + 3 cuillerées de concentré de tomates, 1 bouquet garni et 1 verre d'eau chaude. Assaisonner sel et poivre, couvrir et laisser mijoter 1 h 30 en ajoutant de l'eau si la sauce réduit trop.

Notre conseil pour les spaghettis : les jeter dans l'eau bouillante salée 1 mn. Eteindre ensuite le feu et les recouvrir d'un torchon. Ils cuisent tout seuls. Vous pouvez les laisser ainsi jusqu'au moment de servir. Ils se conservent chauds au moins 1/2 h et sont « al dente ».

VIN : Valpolicella Castello d'Illassi de Vénétie 90 (16°) ou Graves, Château Beauregard-Ducasse 89 (17°)

Menu

◆ *Irish Stew*
◆ *Salade*
◆ *Plateau de fromages*
◆ *Compote de pommes et son caramel*

◆ Irish Stew 107
préparation : 15 mn / cuisson : 1 h 30 à 2 h

Ingrédients : 2 kg de gigot d'agneau coupés en morceaux, 500 g d'oignons, 2 bouquets de persil, 1 bon kg de pommes de terre (choisir des pommes de terre qui ne s'écrasent pas), sel, poivre

Dans un grand plat qui va au four, disposer une couche d'oignons émincés puis une couche de viande de gigot, suivies d'une couche de persil bien épaisse, puis une couche de pommes de terre. Saler et poivrer chaque couche. Recommencer l'opération jusqu'en haut du plat. Mettre au four bien chaud entre 1 h 30 et 2 h. Si on se sert d'un Römertopf, il faut 3 h de cuisson et, comme toujours avec le Römertopf, sans aucune graisse.

C'est un plat délicieux pour l'hiver, réconfortant et très simple à cuisiner.

VIN : Beaujolais, Côte de Brouilly, domaine Franchet 92 (13-15°)

Menu

- *Paupiettes de veau*
- *Carottes nouvelles*
- *Purée d'oseille*
- *Fromages variés*
- *Gâteau aux noix*

◆ Paupiettes de veau
préparation : 20 mn / cuisson : 1 h

Ingrédients : 1 vingtaine de paupiettes, vin blanc, bouillon cube de bœuf, oignons, beurre, huile, carottes, sel, poivre en grains, bouquet garni

Faire préparer par le boucher des petites paupiettes pour pouvoir en proposer 2 ou 3 par personne.
Les faire revenir dans un mélange d'oignons hachés fin, de beurre et d'huile jusqu'à ce qu'elles soient bien dorées. Ajouter 1/2 verre de vin blanc. Remuer-chauffer jusqu'à ébullition. Ajouter un verre ou deux de bouillon chaud (cube de bouillon de bœuf auquel on ajoute un peu d'eau), le sel, le poivre en grains, le bouquet garni (peu de thym et beaucoup de sauge, du persil et de l'estragon). Si on utilise une Cocotte-minute, placer le panier à légumes avec les carottes coupées en rondelles au-dessus de la viande. Cuire pendant 15 mn, à partir du chuchotement de la soupape, à feu doux.
Avec une cocotte en fonte, 1 h de cuisson en laissant mijoter. Les carottes seront cuites séparément et présentées autour des paupiettes, avec un semis de persil. On peut

ajouter à cette garniture, et c'est très fin, une purée d'oseille. Servir le jus séparément, après avoir déglacé la cocotte.

◆ Purée d'oseille

Jetez 2 kg d'oseille dans l'eau bouillante salée, baisser le feu et laisser cuire une dizaine de minutes. Passer au mixer, assaisonner. Ajouter de la crème fraîche. Bien mélanger.

CHAMPAGNE : Baron Albert brut tradition
VIN : Bandol rouge la Roque, sélection 89 (16)°

Menu

◆ *Bœuf mode*
◆ *Salade de pissenlits*
◆ *Fromages*
◆ *Ananas frais
ou sorbet au chocolat noir*

◆ Bœuf mode
préparation : 20 mn / cuisson : 2 h 30

Ingrédients : 2 kg de paleron désossé et de macreuse piqués de lardons, 1 pied de veau désossé et 100 g de couennes, 2 kg de carottes, oignons, échalotes, bouquet garni, 1/2 bouteille de vin blanc sec, 1 petit verre de cognac, 1 verre d'eau, sel, poivre

Mettre la viande et les couennes dans une cocotte huilée. Faire dorer. Ajouter les oignons, les échalotes, le pied de veau, le thym et le laurier. Flamber au cognac. Lorsque c'est bien revenu, ajouter les carottes coupées en rondelles, saler, poivrer, mouiller avec l'eau et le vin jusqu'à ébullition. Baisser le feu, couvrir et laisser mijoter à tout petit feu au moins 2 h 30. Ce plat est encore plus juteux réchauffé. On l'accompagne de pommes de terre à l'anglaise et de cornichons. On peut aussi manger les restes en vinaigrette.

VIN : Mercurey en Pierre Millet 90 (15-16°) – Clos de l'Engarran 91, Coteaux du Languedoc (15°)

Menu

◆ *Palette de porc aux légumes et aux lentilles*
◆ *Salade de mesclun et de rougette*
◆ *Brie ou reblochon*
◆ *Glaces ou salade d'oranges*

◆ Palette de porc aux légumes et aux lentilles
préparation : 25 mn / cuisson : 2 h 30

Ingrédients : 2 kg de palette demi-sel, 1/2 l de vin blanc, 2 oignons piqués d'un clou de girofle, 1 gros bouquet garni, persil, 16 carottes, 8 navets, 8 poireaux, 1 kg de pommes de terre, lentilles, éventuellement 1 saucisson lyonnais non fumé

Mettre la palette dans un très grand récipient et la recouvrir d'eau froide. Porter à ébullition. Au bout de 5 à 10 mn, vider l'eau et rincer la palette à l'eau froide.

La couvrir à nouveau d'eau froide, ajouter 1/2 l de vin blanc, 2 oignons piqués d'1 clou de girofle, un gros bouquet garni avec persil et surtout pas de sel. Porter à ébullition (écumer quand c'est nécessaire).

A ébullition, mettre tous les légumes. Fermer la cocotte, laisser cuire 1 h 30 (30 mn pour une Cocotte-minute après le sifflement).

Ajouter ensuite les pommes de terre et le saucisson lyonnais. Remettre à cuire 30 à 40 mn (10 à 15 mn en Cocotte-minute).

Vérifier en même temps la bonne cuisson de la viande (elle doit se détacher de l'os sans difficulté). C'est un plat qu'on peut préparer la veille.

A part, cuire les lentilles, les jeter dans l'eau froide avec une carotte épluchée, 1/2 oignon piqué d'1 clou de girofle et 1 bouquet garni. Saler 5 mn seulement avant la fin de la cuisson. Lorsque les carottes sont cuites, les lentilles le sont aussi.

Pour servir, couper la viande en morceaux égaux, les disposer sur un plat large entourés des carottes, navets, poireaux et pommes de terre.

Les lentilles sont servies à part. On met sur la table moutarde, gros sel et cornichons, comme pour un pot-au-feu.

VIN : Beaujolais, Moulin-à-Vent, Domaine Boulay 91 (13-15°) – Bourgogne : Hautes-Côtes de Beaune 90 (15-16°)

Menu

◆ *Reblochonnade*
◆ *Salade de mesclun*
◆ *Salade de fruits (rouges en saison) avec petits fours*

◆ Reblochonnade
préparation : 15 mn / cuisson : 20 mn

Ingrédients pour 8 personnes : 2,5 ou 3 reblochons, 2 kg de pommes de terre de très bonne qualité (de la rate, de préférence), il faut qu'elles se tiennent, 1 morceau de lard fumé, 3 tranches de jambon cru coupé en morceaux, crème fraîche, huile et poivre

Faire bouillir les pommes de terre sans les éplucher. Les couper en rondelles pas trop épaisses. Les faire légèrement revenir avec le lard fumé (croustillant) dans un peu d'huile. Couper des petits morceaux de jambon cru. Mettre dans un plat à gratin des couches successives de lard, de pommes de terre, de jambon cru, terminer par une couche de pommes de terre. Ne pas saler. Ajouter un peu de crème fraîche.

Couper les reblochons en deux dans le sens horizontal en conservant la croûte. Les poser sur le dessus du plat et mettre au four très chaud 1/4 d'h.

VIN : Savoie rouge, Château la Gentilhommière 92, cépage Pinot (14-15°) – Cahors, Clos la Coutale 90 (16°)

Menu

- *Filets de sole au saumon fumé*
- *Riz*
- *Salade de mâche*
- *Brie*
- *Gâteau aux noix*

◆ Filets de sole au saumon fumé
préparation : 10 mn / cuisson : 20 mn

Ingrédients : 16 filets de sole, 8 fines tranches de saumon fumé, 16 asperges, crème fraîche, beurre, 1 citron, sel, poivre, 1 verre de vin blanc

Prendre deux filets de sole par personne sur lesquels on allonge de fines tranches de saumon fumé et deux asperges, saler, poivrer, rouler le tout.

Placer dans un grand plat, mettre au four chaud avec un peu de vin blanc.

A la sortie du four et au moment de servir, préparer un beurre fondu citronné. On peut aussi ajouter un filet de crème fraîche. Accompagner d'un riz blanc.

Pour le gâteau aux noix, un conseil : l'acheter chez Picard Surgelés, c'est un régal.

VIN : Mercurey premier cru les Champs Martin 91 (10°) – Vin de Pays Chardonnay, les Toques Clochers 91 (9°)

LES DÎNERS D'AILLEURS

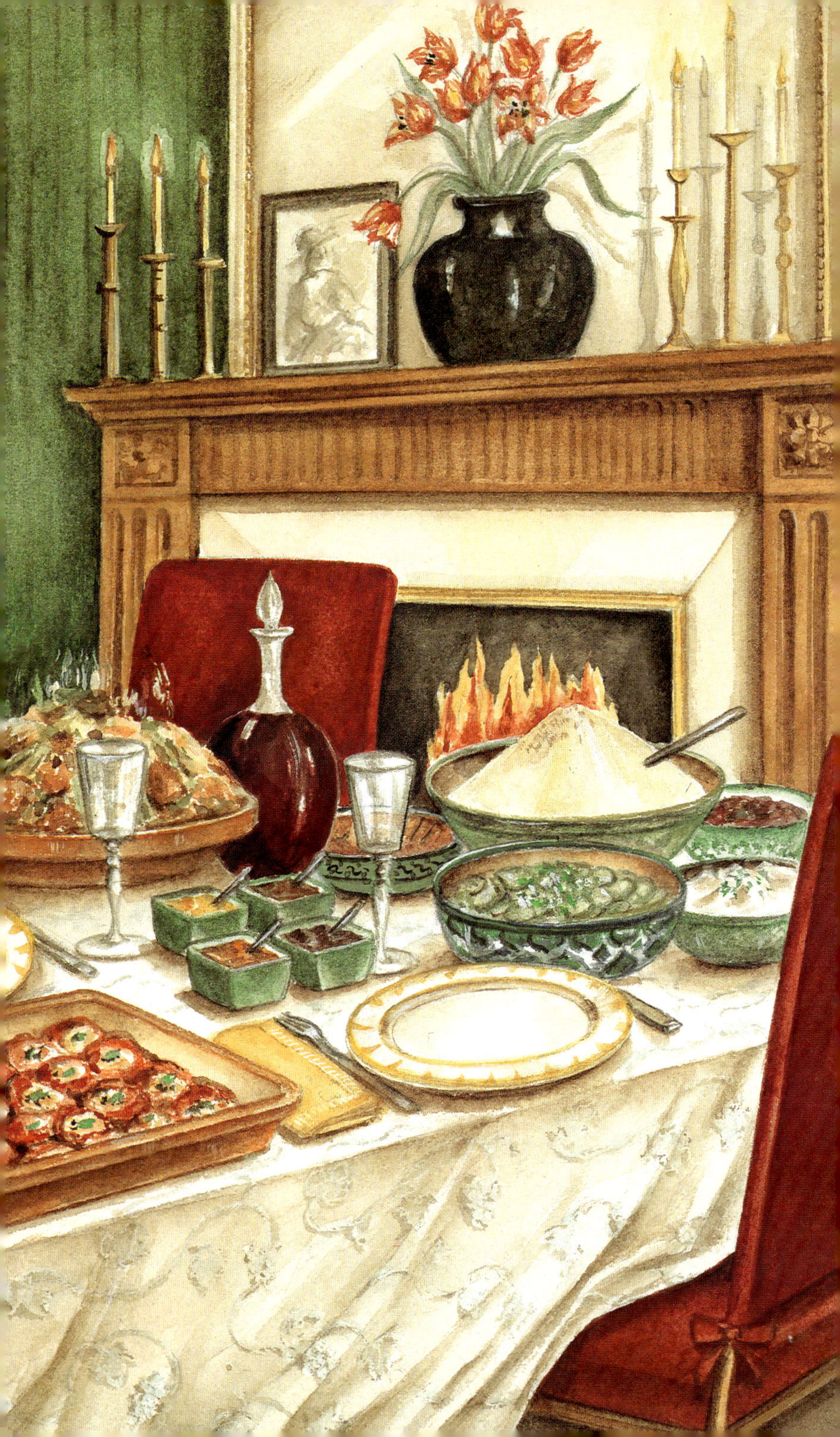

Maroc

- *Tajine d'agneau aux fruits secs*
- *Salade mélangée*
- *Tarte au citron*

◆ Tajine d'agneau aux fruits secs
préparation : 15 mn / cuisson : 1 h 30

Ingrédients : 2 épaules d'agneau désossées, 200 g de pruneaux, 100 g de raisins de Corinthe, 2 grosses aubergines, 2 courgettes, 2 gros oignons, 2 tomates, 35 cl de bouillon de poulet. Epices : raz-el-hamout, sel, poivre, piment de Cayenne, aneth, persil, 4 épices, coriandre, 1/2 citron vert, 1 jaune d'œuf, huile, beurre

Faire revenir la viande coupée en gros dés dans une cocotte avec du beurre. Dans une poêle, faire revenir les oignons et les mettre dans la cocotte. Faire tremper les raisins dans le bouillon. Couper tous les légumes en dés. Verser le tout dans la cocotte avec les fruits secs, les épices, les herbes hachées. Laisser cuire 1 h 30 à feu moyen. Il ne faut pas que ça bouille.

Avant de servir lier la sauce avec un jaune d'œuf et le jus d'un 1/2 citron. On peut accompagner le tajine de riz.

VIN : Gigondas, Château du Trignon 91 (14-16°)

Hongrie

- *Goulasch*
- *Salade de mâche et d'endives*
- *Œufs à la neige*

◆ Goulasch

préparation : 30 mn / cuisson : 3 h

Ingrédients : 2 kg de viande de bœuf dans le gîte (mais ce plat peut aussi se faire avec du veau), 1 kg d'oignons coupés surgelés, huile, sel, poivre, 1 bouquet garni, paprika doux et paprika fort, crème fraîche

Dans une cocotte dont le fond est huilé, faire revenir la viande coupée en morceaux avec les oignons ; saler, poivrer, ajouter le bouquet garni, du paprika doux en quantité et du paprika fort mais avec modération (goûter pour apprécier la force). Ajouter 1 verre d'eau. Couvrir la cocotte et laisser cuire à feu doux pendant 3 h. Enlever ensuite les morceaux de viande et passer tout le reste au mixer pour avoir une sauce parfaitement onctueuse. Rajouter 2 ou 3 cuillerées à soupe de crème fraîche.
Les pommes de terre et les carottes cuites à la vapeur accompagnent très bien le goulasch.

VIN : Lalande-de-Pomerol, N de Nicolas 90

Scandinavie

- *Saumon fumé*
- *Harengs*
- *Pommes vapeur*
- *Fontainebleau*
- *Mousse au chocolat ou fraises à la crème*

◆ Assiette nordique
préparation : 30 mn / cuisson pommes de terre : 30 mn

Il faut 8 tranches de saumon, des harengs de différentes sortes, matjis (à l'huile), tid-jis (sucré) et baltic. On peut ajouter aussi des œufs de saumon et du tarama. Servir soit avec des pommes de terre cuites à la vapeur, soit présenter en assiettes les harengs et le saumon sur fond de petites pommes de terre coupées en rondelles et vinaigrées. Mettre sur la table crème fraîche, petits oignons blancs et cornichons au vinaigre, pain grillé et pain noir, blinis. On se sert à volonté et comme on aime.
On peut boire de la vodka ou de l'aquavit.

VIN : Bourgogne aligoté, Bouzeron 92 (8-10°)

Inde

- *Curry d'agneau*
- *Salade d'endives*
- *Gâteau aux noix*

◆ Curry d'agneau

préparation : 15 mn / cuisson : 1 h 10

Ingrédients : 1,6 kg d'épaule d'agneau coupée en morceaux, 400 g d'oignons émincés, 2 gousses d'ail, 3 à 4 cuillerées à café de curry de Madras, 3 tomates pelées et coupées, 1 cuillerée à soupe de concentré de tomates, 1/2 l de bouillon de poulet, sel, poivre, huile et beurre

Faire revenir les oignons et l'ail dans un mélange d'huile et de beurre jusqu'à ce qu'ils soient légèrement roux. Ajouter le curry et laisser cuire doucement 1 à 2 mn.
Ajouter tomates, concentré de tomates, morceaux d'agneau. Mélanger et laisser macérer 2 h avant de faire cuire 20 mn en remuant souvent. Ajouter 1/2 l de bouillon, saler, couvrir et laisser mijoter environ 45 mn. L'agneau doit être tendre et la sauce suffisamment réduite. Accompagner de riz, de chutneys (confits de fruits aigre-doux, il y en a de plus ou moins forts), et de petits raviers contenant des tranches de bananes, des carrés d'ananas et de pommes, de la noix de coco râpée et éventuellement du yaourt.

Mexique

- *A l'apéritif : guacamole et crêpes de maïs*
- *Chili con carne*
- *Salade de mangues ou d'oranges (selon la saison) ou ananas frais*

◆ Guacamole
préparation : 25 mn

Ingrédients : 6 à 7 avocats, 1/2 boîte de tomates pelées et déjà cuites, ail, sel, poivre, piment en poudre (chili), tabasco, citron, crème fraîche, coriandre fraîche

Oter les noyaux des avocats, recueillir leur chair dans un saladier, l'écraser en la mélangeant avec les tomates, ajouter 1 gousse d'ail hachée, le sel, le poivre, 1 cuillerée à café de piment rouge fort en poudre, une cuillerée à café de tabasco et la coriandre fraîche hachée. Bien mélanger. Certains allongent le guacamole avec un peu de crème fraîche mais ce n'est pas très mexicain.

◆ Chili con carne
préparation : 25 mn / cuisson : 1h 30

Ingrédients : 1,5 kg de gîte à la noix hachée, 400 g de haricots rouges, 150 g d'oignons, 1 kg de tomates, 1 poivron rouge, 1 gousse d'ail, huile, 1 cuillerée à café de sucre en poudre, 1 cuillerée à café de chili (piment en poudre), sel et poivre

Laisser tremper les haricots rouges une douzaine d'heures dans de l'eau froide (on peut aussi les acheter en boîte). Faire dorer la viande dans une cocotte avec l'huile. La retirer, faire alors dorer les oignons hachés pendant 10 mn. Ajouter le piment en poudre et le sucre, puis y mettre la viande, les tomates pelées et coupées en morceaux, le poivron en lanières, l'ail haché, le sel, le poivre, les haricots rouges égouttés.
Recouvrir le tout d'eau. Couvrir la cocotte et laisser mijoter 1 h 30.

VIN : Cosme Palacio y Hermano, Rioja 89 (17°)

Asie

- *Nem (petits pâtés vietnamiens)*
- *Poulet au gingembre, riz*
- *Lychees frais ou au sirop*

◆ Nem

Acheter les nem tout préparés. Les réchauffer au four. Les présenter avec feuilles de salade et feuilles de menthe, sauce de soja et sauce aux piments.

◆ Poulet au gingembre
préparation : 20 mn / cuisson : 20 mn

Ingrédients : 1,5 kg de blancs de poulet, 1 livre de petits oignons, 2 gousses d'ail, 4 poireaux, 1/2 l de bouillon de volaille, 2 ou 3 cuillerées à soupe de sauce de soja, 2 bonnes pincées de gingembre (poudre ou confit) et 100 g d'amandes pelées

Faire dorer les blancs, les émincer. Dans la cocotte ou la poêle ajouter les oignons, l'ail haché, les poireaux coupés en lanières, verser le bouillon de volaille, la sauce de soja, le gingembre et les amandes. Faire cuire doucement 20 mn.

Martinique

- *Colombo d'agneau*
- *Plateau de fromages*
- *Salade de mangues*

◆ Colombo d'agneau
préparation : 15 mn / cuisson : 2 h

Ingrédients : 1,5 kg à 2 kg de collier, de côtes découvertes et d'épaule d'agneau, 100 g de colombo (on trouve cette épice dans les boutiques de Belleville, chez Tang Frères dans le XIIIe arrondissement et dans les épiceries de luxe comme Hédiard ou Fauchon), 4 à 5 aubergines, sel, poivre, piment antillais, échalote, oignons de pays (cive), bouquet garni, 2 citrons verts, 5 bananes légumes

Mettre la viande dans une cocotte en fonte, ajouter du poivre, de la poudre de colombo (50 g environ). Faire revenir la viande une vingtaine de minutes à feu moyen jusqu'à ce qu'elle ait rendu toute son eau. Jeter celle-ci. Recouvrir ensuite la viande d'eau, y jeter 4 à 5 aubergines coupées en gros morceaux. Rajouter le reste du colombo, sel, poivre, piment antillais, échalote, oignons de pays, bouquet garni et le jus de 2 citrons verts.

Laisser cuire. Plus c'est cuit, meilleur c'est. Décorer le plat avec des bananes légumes (préalablement cuites avec la peau soit à l'eau ou au micro-ondes) dont on retire la peau et que l'on coupe en rondelles. Accompagner d'un riz basmati.
Le colombo peut aussi se faire avec du porc ou du poulet fermier.

VIN : Bourgueil 92, Domaine de la Hurolaie (14-16°)

Suisse

- *Fondue au fromage*
- *Salade d'endives*
- *Sorbets*

◆ Fondue au fromage
préparation : 15 mn / cuisson : 10 mn

Ingrédients : 1 kg de comté, 1 l de vin blanc de Savoie, 1 dl de kirsch, 1 gousse d'ail, poivre

Frotter le fond d'un caquelon avec une gousse d'ail. Y verser le vin blanc et le fromage coupé en copeaux. Faire cuire à feu vif et remuer sans arrêt jusqu'au moment où le fromage devient crémeux. Arroser avec le kirsch et assaisonner avec du poivre. La fondue se mange à l'aide de petits carrés de pain fixés au bout d'une fourchette que l'on plonge dans le caquelon posé sur un réchaud de table. Accompagner de cornichons et de petits oignons blancs au vinaigre.

VIN : Vin de Savoie, Château d'Apremont 92 (10°)

Espagne

- *Paella*
- *Brie*
- *Glace au café et petits fours*

◆ Paella

préparation : 2 h / cuisson : 1 h

Ingrédients : 1 kg de lotte ou de congre (selon le budget dont on dispose), 12 coquilles Saint-Jacques, 12 langoustines, crevettes décortiquées, 1 livre de calamars, riz, chorizo et poivrons rouges en boîte pour la garniture, sel, poivre, 1/2 verre de vin blanc, safran, petits pois, olives, huile, ail

Couper en petits morceaux le poisson et les calamars en carrés, décortiquer langoustines et crevettes. Faire revenir les calamars dans une casserole avec un peu d'huile, du sel, du poivre, de l'ail. On ajoute 1/2 verre de vin blanc et on laisse mijoter 1 h. Préparer un court-bouillon avec les têtes et les carapaces.

Dans un plat à paella faire revenir la lotte 10 mn, les coquilles, les langoustines, quelques morceaux de chorizo. Ajouter le court-bouillon dans lequel on fait cuire le riz. Quand l'eau commence à bouillir, on met les olives, les petits pois, du safran. On mélange le tout et on laisse cuire en baissant le feu et en faisant attention à ce que le riz ne devienne pas trop collant. Rajouter une tasse d'eau au cours de la cuisson, si nécessaire.

Il faut disposer d'un plat spécial pour paella que l'on utilise aussi pour la table. Au moment de servir, le décorer avec des crevettes, du chorizo, des langoustines et les poivrons rouges en boîte. C'est joli et c'est bon, le seul inconvénient de la paella, c'est le temps qu'il faut pour la préparer, environ 2 h.

VIN : Alsace, Riesling 92 (10-12°)

Russie

- *Caviar d'aubergines et concombres salés*
- *Bortsch et pirojkis*
- *Compote de fruits secs ou de fruits rouges (selon la saison)*

◆ Bortsch
préparation : 40 mn / cuisson : 2 h 30

Ingrédients : 1 jarret de bœuf, plus 1 kg de viande de bœuf sans graisse, 1 os à moelle, 1 grosse betterave crue, 1/2 chou vert, 2 ou 3 carottes, 4 ou 5 pommes de terre si on aime le bortsch épais, 2 ou 3 oignons, ail selon le goût, 1/4 de citron, 1 petit bouquet de persil, huile, beurre, poivre, sel, crème fraîche, pain noir

Laver la viande, la mettre à cuire 1 h 30 à feu doux dans un grand faitout rempli d'eau, en écumant à intervalles réguliers. Pendant ce temps, préparer les légumes : couper les carottes et les oignons en fines lamelles, les faire revenir à feu doux avec huile et beurre (l'oignon doit devenir transparent). Couper la betterave, les pommes de terre et l'ail en lamelles (pour que la betterave ne perde pas sa couleur, ajouter le jus de citron), couper très finement le chou. Lorsque la viande est cuite, ajouter les oignons, les carottes, et les laisser mijoter dans le bouillon pendant 5 à 10 mn ; mettre ensuite la betterave puis le chou, attendre à nouveau 5 à 10 mn, ajouter alors les pommes de terre, le persil, l'ail.

Poivrer mais saler modérément. Laisser cuire le tout encore 40 mn.

Laisser reposer 15 mn, puis sortir la viande et l'os, couper la viande et retirer la moelle, remettre dans le bouillon. Servir dans une soupière et dans des assiettes creuses, sans oublier (c'est impératif) la crème fraîche et le pain noir. C'est un plat long à préparer mais particulièrement riche et original.

On achète les pirojkis chez un traiteur russe.

Avec le bortsch, les Russes boivent de la vodka mais on peut boire aussi du vin, par exemple : rouge du Pays d'Oc, Domaine d'Ormesson 92.

◆ Caviar d'aubergines
préparation : 10 mn / cuisson : 30 mn

Ingrédients : 5 aubergines, 2 petits oignons, 1 ou 2 tomates, 1 gousse d'ail, thym, persil, sel, poivre, huile végétale, huile d'olive

Couper les aubergines en tranches, les saler et les faire dégorger 1 ou 2 h pour enlever l'amertume. Les faire revenir dans une grande poêle dans un mélange d'huile végétale et d'huile d'olive avec les oignons, les tomates, l'ail, thym, persil, sel et poivre. Laisser mijoter jusqu'à ce que les légumes puissent être réduits en purée à la fourchette. Mettre au réfrigérateur.

Grèce

- *Moussaka*
- *Salade d'endives et noix*
- *Brie*
- *Salade de fruits exotiques*

◆ Moussaka

préparation : 25 mn / cuisson : 50 mn

Ingrédients : 2 kg d'aubergines, 1 kg de viande de bœuf hachée, 150 g de gruyère râpé, 1 œuf, huile, sel, poivre, cannelle

Éplucher et couper les aubergines dans le sens de la longueur. Les blanchir en les plongeant quelques minutes dans l'eau bouillante avec une cuillerée d'huile. Les essuyer. Chauffer le reste de l'huile dans une poêle et y faire revenir les tranches. Lorsqu'elles sont dorées, les mettre dans un plat long allant au four. Préparer avec la viande et le gruyère un hachis assaisonné avec sel, poivre et cannelle en poudre. Recouvrir les aubergines d'une couche de hachis. Procéder ainsi jusqu'à épuisement de la viande et des légumes. Verser dessus un œuf entier battu. Faire gratiner 45 mn à four moyen. On peut accompagner d'un riz blanc.

VIN : Saint-Chinian, Roquebrun 92 (15-16°) ou Bourgogne rouge Hautes-Côtes-de-Nuits 90 (16°) ou vin grec Thivi Retsina de Thèbes

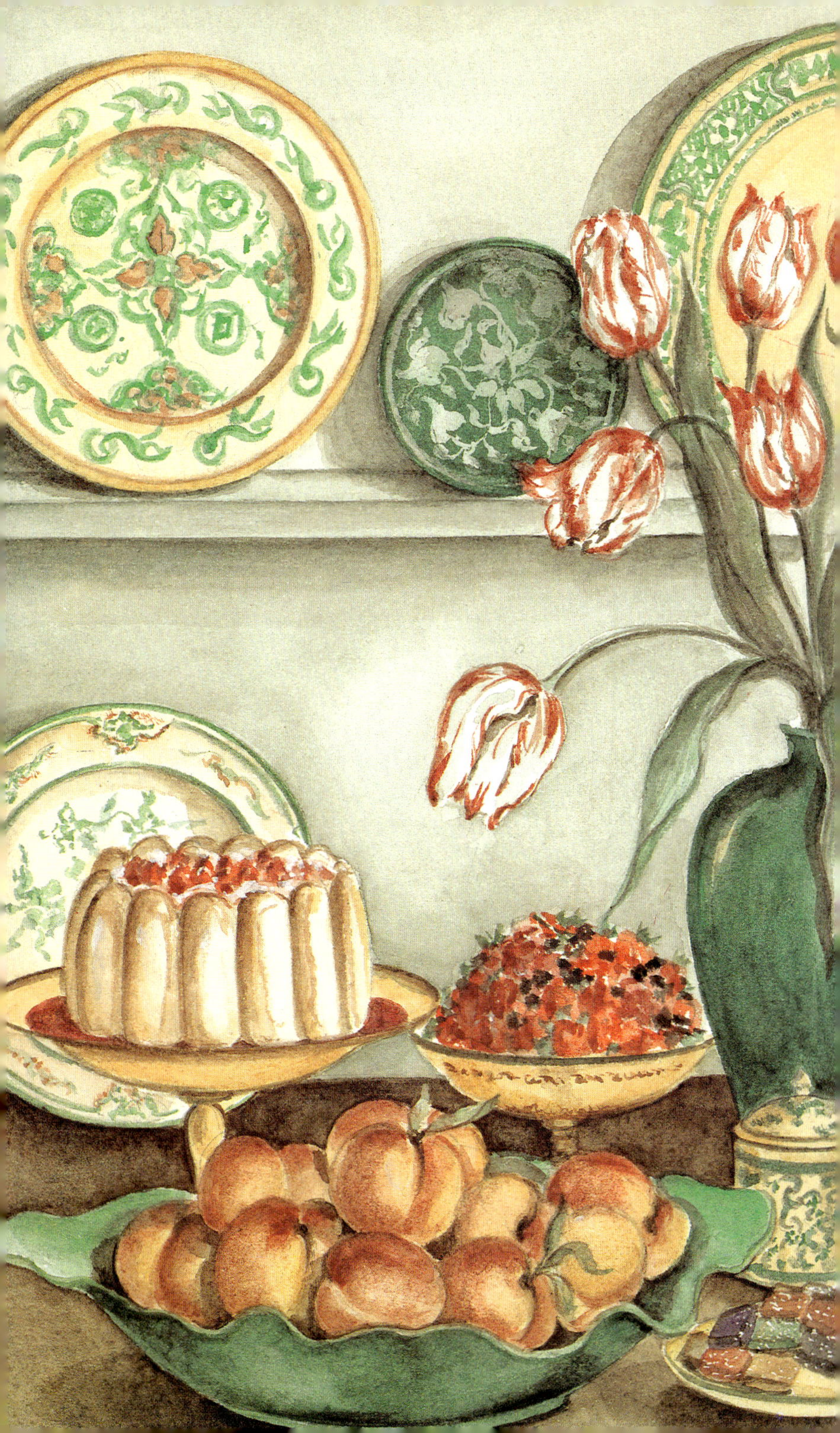

Les desserts

◆ Clafoutis aux cerises (ou aux abricots)

Ingrédients : 100 g de farine, 1/4 l de lait, 90 g de sucre, 6 œufs, 750 g de cerises, sel

Les cerises doivent être noires et bien mûres ou cuites, les abricots très mûrs ou cuits en compote. Mélanger la farine avec les œufs entiers, ajouter une pincée de sel. Diluer avec un peu de lait. Bien travailler le mélange. Quand la pâte est lisse, ajouter le reste du lait.
Incorporer les cerises, dénoyautées ou non (1 cuillerée à café de rhum si on veut).
Verser dans un plat beurré allant au four. Mettre au four chaud pendant 35 mn. Saupoudrer de sucre. Laisser refroidir.

◆ Crème renversée

Ingrédients : 1 l de lait, 6 œufs, 200 g de sucre, 1 bâton de vanille

Faire bouillir le lait avec le bâton de vanille. Laisser refroidir.
Battre les œufs entiers. Les mélanger au lait tiède en remuant. Dans un plat à gratin, faire un caramel bien liquide. Y verser la crème. Faire cuire 3/4 d'h à feu doux. La crème ne doit pas bouillir.
On peut aussi placer le plat à gratin (ou le moule) dans un bain-marie chaud et mettre à four chaud pendant 45 mn. On peut servir dans le plat ou démouler. (Lorsque la préparation est froide, tremper le fond du moule dans l'eau bouillante pour ramollir le caramel. Retourner sur le plat de service.)

◆ Compote de fruits secs

Ingrédients : 200 g d'abricots secs, 200 g de pruneaux, 100 g de raisins de Malaga, 100 g de raisins de Corinthe, vanille, sucre

Faire tremper les fruits dans l'eau pendant une heure ou deux. Faire cuire à tout petit feu en ajoutant sucre et vanille.
Laisser refroidir. Servir avec de la glace à la vanille ou un sorbet à la poire.

◆ Crème au chocolat (ou caramel, ou café)

Ingrédients : 1 l de lait, 5 œufs, 300 g de chocolat, sucre vanillé

Faire fondre 300 g de chocolat dans le lait, remuer. Laisser refroidir.
Séparer les jaunes d'œuf des blancs. Travailler les jaunes avec le sucre vanillé en ajoutant petit à petit le lait tiède. Remettre la crème sur le feu au bain-marie et la faire épaissir en tournant constamment. Elle ne doit surtout pas bouillir, sinon elle « brousse » (voir comment la rattraper dans la rubrique *Les petits trucs de la cuisine au quotidien*).

◆ Au caramel

Faire un caramel roux dans une casserole (un peu plus foncé que pour les flans). Au moment où il brunit, verser dessus un litre de lait chaud en remuant énergiquement pour dissoudre le caramel. Filtrer le lait dans une passoire. Une fois refroidi, l'utiliser comme ci-dessus.

◆ Au café

A la place du chocolat, mettre dans le lait 150 g de sucre et 3 tasses de café fort.

◆ Crumble

Ingrédients : 2 kg de pommes (Granny Smith), 300 g de mûres (ou framboises), 100 g de sucre, 1 cuillerée à soupe de jus de citron, 1/2 zeste de citron râpé. Pâte : 100 g de farine, sucre vanillé, 200 g de sucre, 100 g de beurre, 100 g de poudre d'amandes, cannelle

Couper les pommes en quartiers. Les faire cuire doucement dans un fond d'eau avec le sucre et le zeste d'un citron pendant 15 mn.
Flamber les pommes au calvados.
Travailler à la fourchette les ingrédients de la pâte (farine, sucre vanillé, sucre, beurre, poudre d'amandes, cannelle) jusqu'à la consistance d'une grosse chapelure.
Verser les mûres dans un plat à tarte ou à gratin beurré. Placer les pommes au-dessus. Saupoudrer avec la pâte. Cuire à four chaud (180° - 30 à 40 mn). Servir tiède avec de la crème fraîche.

◆ Figues au coulis de framboises

Ingrédients : figues, framboises

Prendre une figue bien mûre, la fendre en croix. Avec une passoire très fine, faire un coulis de framboises.
Le verser sur la figue, puis disposer quelques framboises autour.
Coulis : dans une passoire très fine, écraser des framboises (très mûres) avec une cuillère de bois. Ainsi les grains de la framboise restent dans la passoire et le coulis est plus doux. Ça se fait très vite.

◆ Flan à la noix de coco

Ingrédients : 3 œufs entiers battus, 50 g de noix de coco râpée, 1 boîte de lait Nestlé sucré, 1 boîte d'eau

Mélanger le tout.
Faire un caramel (7 morceaux de sucre) dans un moule à cake, y verser la pâte. Faire cuire 1/2 h au bain-marie. Démouler à froid. Servir froid.
On peut également servir ce dessert accompagné d'un coulis de fruits rouges.

◆ Flan aux poires

Ingrédients : 8 poires fraîches (ou au sirop), 3 œufs, 150 g de sucre cristallisé, 100 g de farine, 1/2 l de lait

Bien beurrer un plat allant au four (le choisir en porcelaine carré ou rectangulaire, afin de pouvoir le présenter sur la table). Y ranger les demi-poires. Les couvrir de la préparation suivante : 3 œufs, 150 g de sucre cristallisé, 100 g de farine, 1/2 l de lait, le tout soigneusement battu. Cuire à four moyen pendant 45 mn.
(Se fait également avec des cerises dénoyautées, des abricots ou des pêches.)

◆ Mont-Blanc

Ingrédients : crème de marrons, crème fraîche épaisse (ou chantilly), glace à la vanille

Dans une coupe ou un petit bol, mettre 3 cuillerées à soupe de crème de marrons, recouvrir de 1 cuillerée à soupe de crème fraîche épaisse, ou de chantilly.
Une variante possible est de rajouter dans la coupe une boule de glace à la vanille.

◆ Gâteau aux marrons / chocolat / whisky

Ingrédients : 250 g de chocolat, 200 g de beurre mou, 1 dose de whisky, 1 boîte de purée de marrons au naturel de 500 g, 125 g de sucre

Faire fondre le chocolat.
Ajouter 100 g de beurre et le whisky et laisser refroidir.
Pendant ce temps, travailler au batteur la purée de marrons, le sucre et le reste du beurre jusqu'à ce que le mélange soit léger.
Ajouter la préparation au chocolat dès que celle-ci est froide, en battant toujours.
Verser le tout dans un moule bien huilé, et laisser raffermir au réfrigérateur pendant 3 h au minimum (mais on peut faire ce dessert 2 ou 3 jours à l'avance).
Démouler et servir décoré de crème Chantilly.

◆ Moelleux au chocolat

Ingrédients : 4 œufs, 60 g de beurre, 2 tablettes de chocolat fondu dans un peu de café fort, 125 g de sucre, 2 bonnes cuillerées à soupe de farine

Battre les jaunes et le sucre jusqu'à ce que le mélange soit mousseux.

Faire fondre le chocolat et le beurre dans le café. Mélanger doucement avec œufs et sucre.

Ajouter 2 cuillerées de farine (bien pleines) puis les blancs en neige très fermes. Beurrer et fariner un moule un peu haut. Y verser la préparation et cuire 30 mn à four moyen.

◆ Mousse au chocolat

Ingrédients : 2 tablettes de 250 g Suchard, Nestlé ou Côte d'Or à cuire. Ni beurre, ni sucre. 10 à 12 œufs, zestes d'orange

Faire fondre dans une casserole à peine beurrée le chocolat coupé en morceaux dans un fond de café liquide et ajouter les zestes d'orange râpés. Casser les œufs à part. Séparer les blancs et les jaunes. Battre les blancs avec une pointe de sel pour les faire tenir. Lorsque le chocolat est fondu, retirer la casserole du feu, attendre qu'il refroidisse un peu et mélanger les jaunes d'œuf. Lorsque le tout est bien lisse, incorporer délicatement les blancs battus en neige. C'est fini et ça n'a pas pris plus de 20 mn. Mettre au réfrigérateur au moins 3 heures.

◆ Œufs à la neige sur crème anglaise

Ingrédients : 1 l de lait, 6 cuillerées de sucre en poudre, 8 œufs, 1 gousse de vanille

Il vaut mieux commencer par la crème pour qu'elle ait le temps de refroidir.

1. Faire bouillir le lait avec la vanille. Séparer les blancs des jaunes d'œuf. Mélanger les jaunes avec la moitié du sucre en poudre en fouettant le tout. Y ajouter petit à petit le lait refroidi. Remettre le tout dans la casserole et faire cuire à feu doux au bain-marie en tournant sans cesse 3 à 4 mn sans laisser bouillir. Retirer du feu. Laisser refroidir.

2. Battre les blancs en neige très fermes avec une pincée de sel pour qu'ils ne retombent pas, ajouter le reste de sucre et mélanger avec précaution. En même temps, faire bouillir 2 l d'eau dans une grande casserole. Avec une cuillère à soupe, former des boules de blancs d'œuf que l'on dépose dans l'eau bouillante. Faire cuire une minute et retourner, faire cuire alors une autre minute.

Les égoutter sur un linge propre et les disposer dans la jatte de crème. On peut napper les blancs d'un caramel. Mettre ensuite au réfrigérateur.

◆ Pêches Melba

Ingrédients : 8 belles pêches, 70 g d'amandes émondées, 1/2 l d'eau, 150 g de sucre, 5 cl de sirop de groseille, 1/4 l de crème fouettée, 1 dl de glace à la vanille

Faire cuire 15 mn les pêches entières dans l'eau et le sucre. Les éplucher et les laisser refroidir ; les couper en deux et enlever les noyaux. Servir sur la glace à la vanille. Napper avec le sirop de groseille, saupoudrer avec des amandes émondées et décorer de crème fouettée.

On peut utiliser aussi des pêches en boîte. Ne pas prendre des pêches trop fermes (choisir qualité espagnole ou française).

◆ Pêches au sirop

Ingrédients : pêches, sucre, amandes émondées, sirop de groseille

Faire cuire les pêches entières épluchées dans l'eau sucrée. Les faire refroidir au réfrigérateur. Rajouter amandes émondées et sirop de groseille.

◆ Poires au vin

Ingrédients : poires (conférence), bordeaux, écorce d'orange, sucre, citron, cannelle, clous de girofle, noix de muscade

Deux poires par personne. Choisir des conférences. Les mettre à cuire à feu doux pendant 20 mn dans deux verres de vin de Bordeaux. Ajouter l'écorce d'orange, le sucre, le citron, la cannelle, les clous de girofle et la noix muscade.

Les mettre ensuite au réfrigérateur. On peut les servir accompagnées d'une crème anglaise.

◆ Pommes au four

Ingrédients : 8 pommes de grosseur moyenne, 100 g de raisins secs, 2 cuillerées de rhum, 100 g d'amandes ou de noix hachées grossièrement, 8 morceaux de sucre, quelques dés de beurre, gelée de groseille ou fraise

Faire tremper les raisins secs dans le rhum. Laver les pommes et ôter le cœur à l'aide d'un vide-pommes, ou d'un couteau économe. Glisser un morceau de sucre dans la cavité. Mélanger les raisins secs et les amandes et en remplir les pommes.

Les placer dans un plat allant au four, chaque pomme posée sur une tranche de pain (ou un toast) beurrée. Mettre 15 à 20 mn dans le four préchauffé.

Servir avec de la gelée de groseille ou de fraise ou encore avec une boule de glace à la vanille.

◆ Pommes meringuées

Ingrédients : pommes, beurre, sucre, 8 œufs, sel

Couper des pommes en quartiers étroits, les ranger au fond d'un plat à gratin beurré, sur deux ou trois couches. Répartir de petits carrés de beurre, et un tout petit peu de sucre en poudre.
Cuire 10 mn à four chaud jusqu'à ce que les pommes soient fondantes.
Pendant ce temps préparer une jatte de blancs d'œuf battus en neige (avec une pointe de sel pour les faire tenir). En répartir le contenu sur les pommes (attendre qu'elles aient un peu tiédi en l'égalisant et en dessinant un motif). Saupoudrer de sucre glace. Repasser 5 mn au four pour faire dorer les blancs sur le dessus.
On peut servir le plat tiède avec un fromage blanc léger, type Fjord.

◆ Sabayon de fruits (d'été)

Ingrédients : fraises, framboises, 600 g de pêches, 15 jaunes d'œuf, 8 blancs d'œuf, du sucre en poudre, quelques cuillerées d'eau de fleur d'oranger

Laver et couper les fraises et les pêches en tranches.
Les égoutter et les mettre dans un grand plat allant au four, arroser d'eau de fleur d'oranger.
Pendant ce temps, casser les œufs, prendre les jaunes que vous travaillerez jusqu'au blanchiment. Battre les blancs d'œuf en neige que vous incorporez délicatement en ajoutant le sucre. Recouvrir les fruits de cette crème, passer au four quelques minutes. Sortir et garnir de framboises. Servir chaud ou tiède avec une coupe de champagne. (Vous pouvez aussi ajouter une boule de glace à la framboise ou à la fraise ou même à la vanille.)

◆ Soupe de fraises à la menthe

Ingrédients : fraises, 2 oranges, gin ou cointreau, menthe, sucre, champagne

Rincer les fraises sous l'eau sans enlever les queues. Les équeuter et les couper en deux ou en quatre. Verser le jus de deux oranges pressées, quelques gouttes de gin ou de cointreau et parsemer de feuilles de menthe. Ce mélange peut être préparé une journée à l'avance. En revanche, ne pas le sucrer jusqu'au moment de servir. On peut ajouter deux verres de champagne en même temps que le sucre.

◆ Strudel

Ingrédients : 500 g de farine, 250 g de beurre ramolli, 200 g de sucre (moitié pour la pâte, moitié pour la farce), 2 sachets de levure, 1 œuf, sel, 6 grosses pommes, 100 g d'amandes en poudre ou effilées, 100 g de raisins secs, cannelle

Pâte : dans une terrine, verser la farine, y incorporer le beurre, l'œuf, le sucre, la levure et le sel. Bien pétrir et séparer en deux parts la pâte, une part plus grande pour le fond, une autre plus petite pour le dessus. Etaler la grande part au rouleau sur 1,5 cm d'épaisseur et sur la plaque profonde graissée de votre four.
Farce : éplucher et émincer les pommes.
Les mélanger avec les amandes, le sucre, les raisins secs et la cannelle.
Répartir la farce sur la pâte.
Etendre la pâte restante et recouvrir la farce.
Réunir bord à bord les deux pâtes.
Tracer au couteau les parts de gâteau avant la cuisson. Faire cuire à four chaud pendant une heure en badigeonnant d'un peu d'huile le dessus du gâteau. A la fin de la cuisson, saupoudrer d'un peu de sucre en poudre.

♦ Tartes sucrées et salées

Il existe maintenant d'excellentes pâtes à tarte (brisées, feuilletées et sablées) fraîches ou surgelées que nous vous conseillons d'utiliser. C'est souvent la fabrication de la pâte qui rend la réussite de la pâtisserie aléatoire ; toutefois, si vous avez envie de vous lancer, voici une recette de pâte brisée qui convient aussi bien pour les tartes aux fruits que pour les tartes salées (tartes aux légumes, quiches).

Pâte brisée

Ingrédients : 200 g de farine, 1 dl d'huile d'arachide, 1 cuillerée à café de levure, 1 pincée de sel, 1 cuillerée à café de sucre (pour les tartes sucrées)

Mélanger rapidement les ingrédients sans travailler la pâte trop longtemps. La laisser reposer 1/2 h.
Etaler la pâte au rouleau sur une surface farinée. En revanche, il est inutile de graisser ou de fariner le moule. Une fois la pâte dans le moule, la piquer à la fourchette pour éviter les boursouflures en cours de cuisson (vous pouvez également la tapisser avec une feuille d'aluminium).
Si vous utilisez des fruits peu juteux (pommes, bananes, abricots, cerises), les mettre directement sur la pâte non cuite. Préchauffer le four et mettre à cuire 20 mn (thermostat 7/8). A mi-cuisson, saupoudrer de sucre. On peut également recouvrir les fruits d'une crème faite avec 2 cuillerées à soupe de sucre, 1 œuf entier et 1 verre de lait, que l'on verse sur les fruits crus. Baisser le four (5/6) et remettre à cuire pendant encore 10 mn.
Si vous utilisez des fruits plus juteux (fraises, groseilles, raisins ou fruits en conserve), il est préférable de précuire la pâte pour éviter que le fond soit insuffisamment cuit.

Garnir ensuite avec les fruits (cuits ou crus) et saupoudrer de sucre. On peut, si l'on désire que les fruits soient un peu confits, remettre la tarte au four pendant 5 mn. Pour les tartes salées, précuire la pâte à four chaud (thermostat 7/8 pendant 10 mn), garnir ensuite la tarte et remettre au four pendant 20 mn.

◆ Tarte au citron

Ingrédients : utiliser une pâte brisée, 7 citrons non traités, 5 œufs entiers, 150 g de sucre en poudre, 100 g de beurre

Râper et presser les citrons.
Dans un saladier, casser 5 œufs entiers, les mélanger avec le sucre et le beurre. Ajouter le jus des citrons, les zestes et bien fouetter le tout. Verser cette préparation sur la pâte précuite (10 mn) et mettre le tout à four chaud (10 au thermostat) 15 mn environ.

◆ Tarte aux poires

Ingrédients : pate brisée (ou pâte sablée), 8 poires, 100 g de beurre, jus de citron, 150 g de sucre

Epluchez les poires, les couper en cubes, les faire cuire dans une poêle avec le beurre, le sucre et le jus de citron. Laisser refroidir et garnir le fond de la tarte qui aura été préalablement précuit comme dans la recette précédente. On peut remplacer les poires par des figues, pommes, abricots ou ananas.

◆ Tiramisu

Ingrédients : 600 g de mascarpone (sorte de fromage blanc en boîte plastique à acheter dans les bonnes épiceries), 1,25 dl de café noir, 100 g de sucre glace, 2 cuillerées de cognac, biscuits à la cuillère, 4 cuillerées de cacao en poudre, 4 à 6 œufs

Séparer le blanc et le jaune des œufs.

Dans un grand plat creux, étaler les biscuits et les imbiber de café.

Préparer une crème avec les jaunes d'œuf, le sucre et la liqueur, y ajouter le mascarpone.

Battre les blancs d'œuf en neige et les ajouter à la crème préparée précédemment.

Mettre 3 couches alternées de biscuits et de crème. Laisser au réfrigérateur pendant 1/2 h. Saupoudrer abondamment de cacao en poudre avant de servir.

AUTOUR DES PLATS

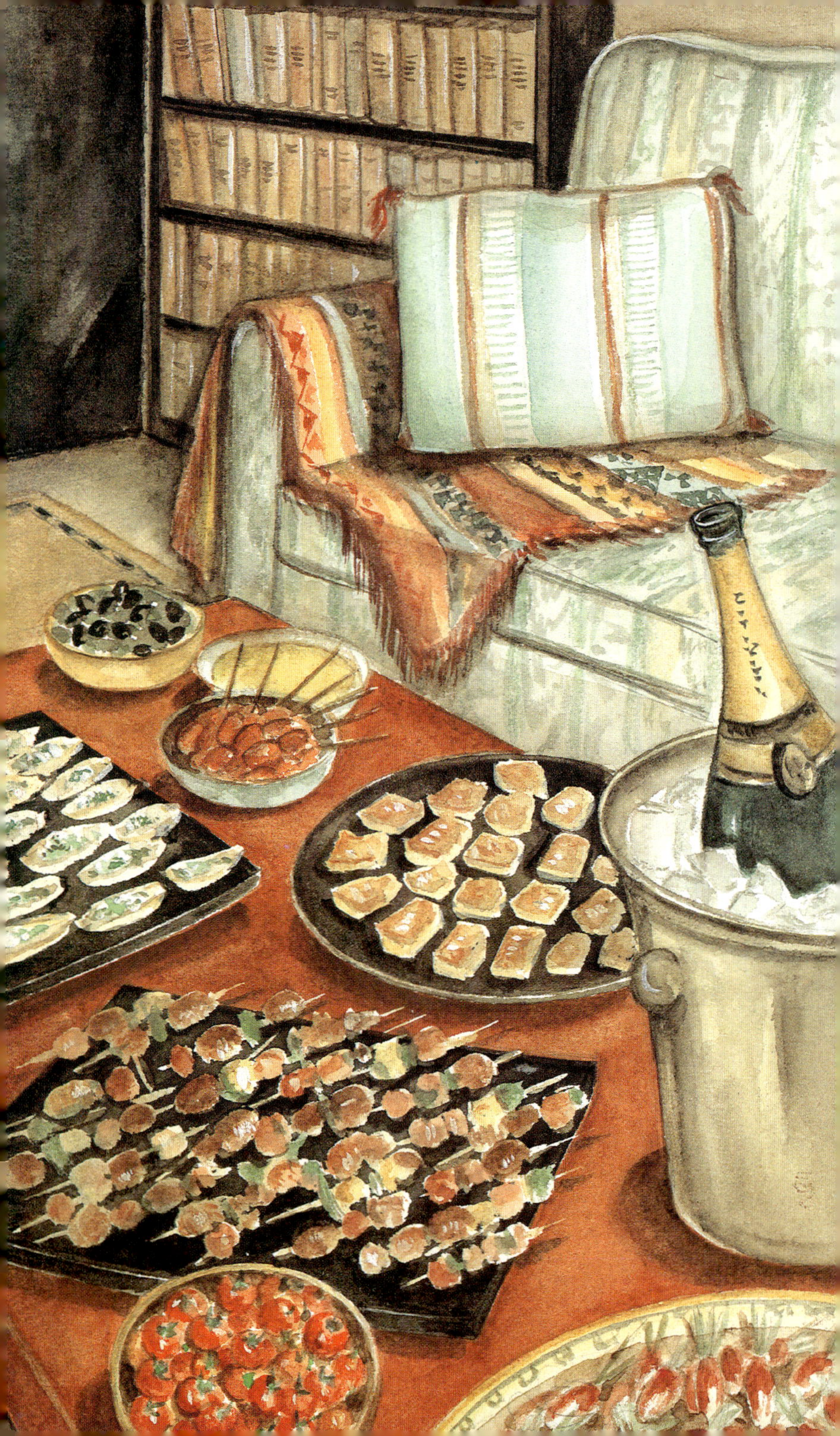

Petits buffets

Pour recevoir agréablement un groupe d'amis plus nombreux que pour un dîner classique, nous proposons la formule à la fois simple et chaleureuse du buffet assis. Les invités sont assis à deux ou trois tables différentes. Chacun se sert à une table-buffet où tous les plats ont été installés à l'avance avec assiettes et couverts de rechange. Les desserts sont sur une table roulante, qui sera utilisée à la fin pour desservir. Les vins sont sur les tables avec le pain.

Nous proposons ici trois idées de buffet. Mais chacun pourra inventer sa formule en jouant avec tous les plats et les desserts de ce livre. On pourra aussi penser à des formules plus sophistiquées : menu italien, menu scandinave, etc. Ou plus simplement au buffet campagnard classique (charcuteries, crudités, fromages, dessert) pour une dînette tardive entre copains après le théâtre ou le cinéma.

VIN : Costières du Gard, Mas Saint-Louis, La Perdrix, 30127 Bellegarde-du-Gard. Rouge, rosé, blanc

- *Saumon entier mariné à l'aneth*
- *Salade de pommes de terre*
- *Viande froide mayonnaise*
- *Salade de maïs, avocats et cœurs de palmier*
- *Plateau de fromages*
- *Gâteau au chocolat – crème anglaise*
- *Ananas frais*

◆ Saumon entier mariné à l'aneth

Ingrédients : acheter un saumon entier

Faire détacher les filets par le poissonnier en gardant la peau.

Enlever les arêtes qui restent à la pince à épiler, et couper les parties basses des filets qui sont trop grasses. Saupoudrer d'un nuage de sucre (surtout à l'emplacement de l'arête pour enlever l'amertume), poivrer abondamment. Mettre du gros sel en croûte sur les filets, entièrement couverts, les secouer pour qu'ils ne gardent que le sel accroché à la viande. Couvrir l'intérieur des filets avec une grosse couche d'aneth (ou d'estragon).

Refermer les deux moitiés du saumon l'une sur l'autre, bien serrer avec un torchon tortillé à chaque bout et tenir par un élastique ou une ficelle.

Mettre au réfrigérateur 24 h d'un côté, 24 h de l'autre. Ensuite on débite en tranches fines comme un saumon en boutique.

Les invités assaisonnent à leur goût avec du citron vert (ou jaune).

Servir avec des toasts.

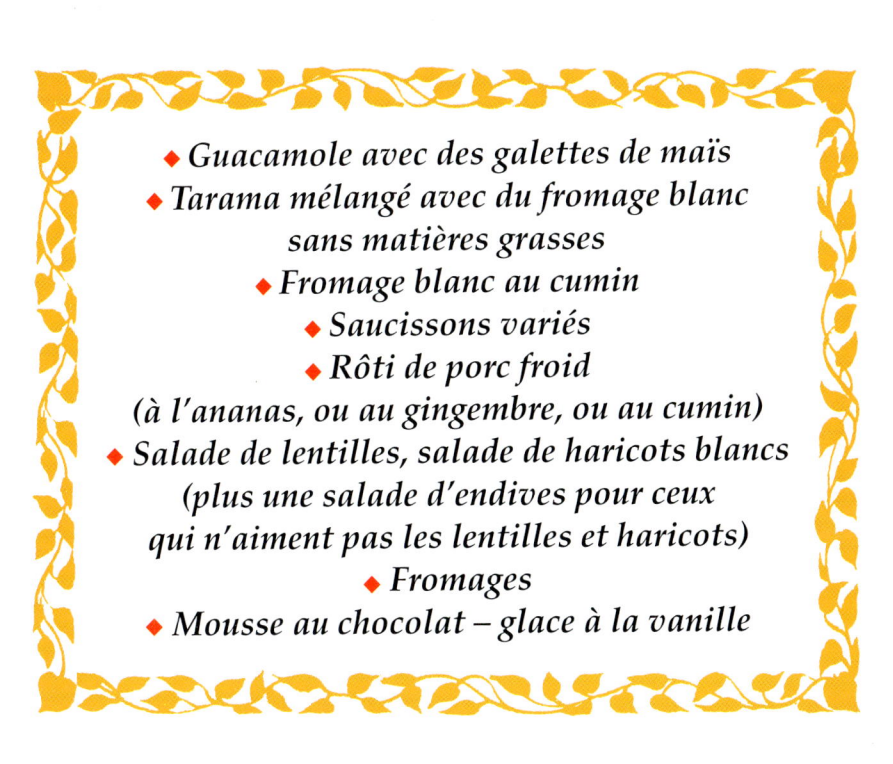

- Guacamole avec des galettes de maïs
- Tarama mélangé avec du fromage blanc sans matières grasses
- Fromage blanc au cumin
- Saucissons variés
- Rôti de porc froid
(à l'ananas, ou au gingembre, ou au cumin)
- Salade de lentilles, salade de haricots blancs
(plus une salade d'endives pour ceux qui n'aiment pas les lentilles et haricots)
- Fromages
- Mousse au chocolat – glace à la vanille

- Terrine de campagne et pain Poilâne grillé
- Poulet froid
- Jambon de Parme et jambon à l'os
- Salade de pâtes au basilic
- Légumes crus (carottes – choux-fleurs, radis) et sauce au roquefort
- Taboulé
- Fromages
- Tarte aux fraises et sorbets

Amuse-gueule pour l'apéritif avant les plats uniques

- Tranches de saucisson sec et chorizo, olives noires
- Carrés de fromages (chèvre et cantal), pistaches
- Légumes crus : carottes, chou-fleur, céleri vert, radis avec sauce tartare et fromage blanc aux herbes
- Légumes crus et tarama
- Accras (petits beignets à la morue) et boudin créole
- Petites croûtes au fromages et petites pizzas
- Petites saucisses accompagnées de moutarde forte, amandes grillées
- Canapés de foie gras
- Canapés au saumon fumé, à la poutargue et aux œufs de saumon
- Guacamole (voir recette) et crêpes au maïs
- Terrine, rillettes et pain Poilâne grillé
- Tranches de radis noir et tarama, radis rouges et fromage blanc au cumin
- Gressins enroulés de fines lamelles de jambon de Parme et de viande des Grisons
- Petites tomates, cornichons au sel, et petits gâteaux au fromage
- Pirojkis (petits pâtés russes à la viande et aux choux)

Entrées orientales

- Méchouia : griller des poivrons, des tomates et des piments verts ; enlever la peau ; hacher ; ajouter miettes de thon, ail, persil, sel, poivre, huile d'olive et citron. Se mange tiède ou froid.
- Carottes au cumin : faire cuire les carottes, lorsqu'elles sont encore tièdes, les couper en rondelles, ajouter citron, harissa et cumin.
- Mekhtouba : couper des poivrons, des tomates, des pommes de terre en quartiers, ajouter sel, ail en gousse, cuire à l'étouffée à petit feu environ 1/2 h.
- Hoummous (crème épaisse à base de pois chiches) : 1 ou 2 grandes boîtes de pois chiches selon le nombre de convives. Rincer les pois chiches, les passer à la moulinette. Dans un plat creux, ajouter ail pilé (2 gousses), sel, trois cuillerées d'huile d'olive. Mélanger. Ajouter un grand jus de citron. Goûter et saupoudrer généreusement de paprika. Décorer d'olives noires.
- Salade Zaalouk : couper sans les peler des aubergines et des courgettes en petits morceaux, les mettre dans une cocotte et couvrir d'eau, ajouter tomates pelées, sel, 1 gousse d'ail, piments rouges et un peu d'huile. Cuire le tout environ 40 mn à feu moyen en remuant régulièrement. Décorer de poivrons grillés et coupés.

◆ FRITA : faire cuire dans une poêle avec huile, petits oignons de pays, sel et poivre, des tomates à la provençale ; dans une autre poêle, des tranches d'aubergines pendant environ 1 h. Quand c'est cuit, sortir tomates et aubergines, les mettre séparément dans une passoire pour enlever l'eau. Mettre dans un plat creux un rang de tomates, un rang d'aubergines, recommencer l'opération. Rajouter ensuite du vinaigre et un mélange d'estragon, de persil, de menthe et de basilic.

Hors-d'œuvre juifs et d'Europe centrale

◆ Œufs et oignons hachés : 1 œuf dur par personne, 2 oignons nouveaux par personne ou 1 oignon moyen, huile d'olive, sel, poivre.
Hacher grossièrement les oignons et les œufs. Mélanger, saler, poivrer et arroser d'huile d'olive.
préparation : 10 mn

◆ Foies hachés : 400 g de foies de volaille (pour 8 personnes), 2 gros oignons, graisse d'oie, 4 œufs durs, 2,5 cuillerées à soupe d'huile, sel et poivre.
Faire revenir 10 mn les foies de volaille avec matière grasse dans une poêle jusqu'à ce qu'ils soient cuits. A mi-cuisson, ajouter les oignons émincés. Hacher grossièrement les foies, les oignons, les œufs durs, saler, poivrer. Ajouter l'huile, servir froid.
préparation : 10 mn

◆ Raifort à la betterave (assaisonnement) : une racine de raifort, 1 betterave rouge cuite, vinaigre, 1 sucre.
Eplucher la racine, la râper. Humecter d'un peu d'eau et sucrer légèrement. Ajouter vinaigre à votre goût. Ajouter betterave râpée qui adoucit l'âcreté du raifort.
préparation : 10 mn

◆ Caviar d'aubergines : couper les aubergines (4), les saler, attendre 1 ou 2 h pour que l'amertume parte. Les faire revenir dans une grande poêle dans un mélange

Fruidor et huile d'olive avec oignons (2 petits), tomates, ail, thym, persil, sel et poivre. Laisser mijoter jusqu'à ce que les légumes n'aient plus de résistance. Ecraser avec une fourchette pour retrouver la consistance du caviar. Mettre au réfrigérateur.
préparation : 15 mn

♦ Crêpes de pommes de terre : 8 grosses pommes de terre, 3 cuillerées à soupe de farine, huile, sel. Eplucher et laver les pommes de terre. Les râper très finement. Enlever l'eau. Saler, ajouter la farine. Chauffer une poêle avec de l'huile. Avec une cuillerée à soupe, faire des petites galettes d'1 cm d'épaisseur que l'on fait frire des deux côtés.
préparation : 20 mn

♦ Pain de viande : 1 kg de veau haché (épaule), 400 g de bœuf haché, 6 biscottes, 4 œufs, gousses d'ail, 2 cuillerées à soupe d'huile, sel, poivre.
Faire tremper les biscottes dans l'eau, pressez-les pour enlever l'eau. Incorporez-les à la viande hachée. Ajouter œufs, ail écrasé, sel, poivre, huile. Mélanger. Former un pain dans un plat allant au four. Faire cuire à feu moyen pendant 1 h 30. Se sert chaud ou froid avec gros cornichons russes ou polonais au sel, raifort et salade de chou rouge.
préparation : 10 mn / cuisson : 1 h 30

♦ Harengs marinés : le mieux est de les acheter tout préparés dans des magasins de produits russes ou juifs.

*S*alades

Une bonne salade doit être bien relevée (sel, poivre et moutarde), nous vous recommandons tout spécialement l'huile de noix et le vinaigre balsamique. En dehors des fines herbes, de l'estragon, du persil, etc., une pincée de poudre de curry apporte une subtilité supplémentaire.

◆ Salade verte mélangée aux herbes : batavia, cresson ou mâche, endives, rouquette, salade rouge, un peu de frisée, cerfeuil. On peut y ajouter un petit fromage de chèvre chaud ou un avocat écrasé dans la sauce.
◆ Salade de pommes de terre : tiède, elle est encore meilleure que froide. Elle doit être très moutardée, avec persil et estragon ou échalotes émincées. Avant de servir, ajouter 1/2 verre de vin blanc sec.
◆ Salade de pommes de terre, de haricots verts et de tomates : un classique, mais très apprécié. L'estragon l'accompagne bien.
◆ Salade de tomates au basilic : le basilic haché peut être incorporé à la vinaigrette, ou mélanger tomates et feuilles de basilic.
◆ Salade d'endives, à laquelle on ajoute des pommes, des raisins secs et des petits morceaux de roquefort.
◆ Salade de lentilles aux échalotes (celles-ci doivent être coupées très fines) : ne pas lésiner sur la moutarde. Ne pas hésiter non plus, si on est pressé, à utiliser

des lentilles en boîte, à condition de bien les rincer dans une passoire afin d'éliminer le jus de cuisson.

◆ SALADE DE POIS CHICHES : on peut aussi utiliser des boîtes (c'est vraiment très bon) et procéder de la même façon. Mais ici il faut ajouter du cumin à l'assaisonnement.

◆ SALADE DE HARICOTS BLANCS : bien moutarder la vinaigrette, ajouter échalotes et coriandre en grains. Ici encore, les boîtes font gagner du temps.

◆ SALADE DE HARICOTS VERTS FRAIS, GIROLLES ET SAUMON : le saumon doit être cuit au four ou au court-bouillon et refroidi. Raffiné par le goût et les couleurs. (Les haricots verts doivent être choisis très fins et rester croquants.)

◆ SALADE DE HARICOTS VERTS, FONDS D'ARTICHAUT coupés en fines lamelles, champignons de Paris coupés en fines tranches et crevettes roses décortiquées.

◆ SALADE DE HARICOTS VERTS, PETITS CARRÉS DE FOIE GRAS ET LAMELLES DE COQUILLES SAINT-JACQUES (crues ou à peine cuites pour qu'elles restent légèrement craquantes) : la vinaigrette ne doit pas être trop relevée pour bien apprécier le goût subtil du foie gras et de la Saint-Jacques. On peut, bien sûr, choisir de ne mettre que du foie gras ou des coquillages.

◆ SALADE D'ENDIVES, MÂCHE, CARRÉS DE PAMPLEMOUSSE ET CRABE : il faut que la sauce soit bien moutardée, les fines herbes rehaussent le goût.

◆ SALADE AUX ÉPINARDS (les épinards, dont on n'utilise que les feuilles, sont crus et traités comme une salade) : ajouter lardons, pommes, noix, gruyère, éventuellement tranche d'œufs durs ou rondelles de radis roses pour décorer.

◆ SALADE DE RIZ DOUCE : mélanger le riz avec des petits morceaux d'oranges, de bananes, de raisins secs.

◆ SALADE DE HARICOTS ROUGES (on peut utiliser des boîtes), de poivrons verts coupés en fines lamelles et de maïs en grains. Ajouter un peu de persil. La vinaigrette doit être bien relevée. C'est bon, nourrissant et joli.

◆ SALADE DE LAITUE ET DE CONCOMBRES, cornichons coupés fin et fromage Saint-Marcellin coupé en petits morceaux ; ajouter de la coriandre fraîche hachée.

◆ SALADE RUSSE (la vraie) : là, c'est tout un programme. Il faut 1,5 boîte de crabe Chatka, 3 pommes de terre en robe des champs, des carottes, 3 œufs durs, 1 ou 2 concombres russes (Molossol), de l'aneth, de la ciboulette, 2 pommes crues un peu acidulées. Emietter le crabe, couper les pommes de terre et les carottes épluchées en petits dés ainsi que les concombres, râper les pommes. Mettre le tout dans un grand saladier et ajouter sel, poivre, ciboulette, une touffe d'aneth. Assaisonner avec une mayonnaise allongée de crème fraîche. Mélanger le tout et mettre au réfrigérateur.

◆ SALADE DE PÂTES : prendre des tagliatelles (1,2 kg), les cuire « al dente ». Rincer à l'eau froide, les laisser dans la passoire. Dans un grand plat creux, mettre huile d'olive, moutarde Savora, beaucoup d'herbes (persil, ciboulette, coriandre fraîche), une gousse d'ail, 4 échalotes, sel et poivre. Une fois que la sauce est bien verte, verser les pâtes et mélanger, garnir d'olives noires dénoyautées. Garder au froid.
On peut ajouter soit un effiloché de saumon fumé, soit des œufs de saumon ou des lamelles de jambon de Parme et des carrés de melon. Supprimer alors l'ail.

◆ SALADE DE POULET : feuilles de laitue découpées en lanières, céleri en branche coupé en petits morceaux, olives, restes de poulet rôti froid. Assaisonner avec une mayonnaise bien relevée. Présenter avec rondelles d'œufs durs et saupoudrer de paprika.

◆ Salade de crevettes au gingembre : feuilles de laitue découpées en lanières, carottes et céleri-rave râpés, gingembre frais râpé très fin et grosses crevettes roses décortiquées, vinaigrette.

◆ Courgettes à la menthe : environ 2 kg de courgettes et 24 feuilles de menthe. Couper les courgettes en rondelles de 1 cm d'épaisseur ; hacher la menthe fraîche ; faire revenir les courgettes dans du beurre. Lorsqu'elles commencent à colorer (après environ 5 mn), ajouter menthe, sel et poivre. Baisser le feu et faire cuire une quinzaine de minutes. Laisser refroidir et mettre au réfrigérateur. Ajouter un filet d'huile d'olive au moment de servir.

◆ Salade à l'orange : une bonne romaine bien lavée et égouttée, une petite boîte de maïs, pommes et céleri en dés arrosés d'un jus de citron, tranches de pamplemousse et d'orange. Tapisser le saladier avec les feuilles de la romaine. Placer au centre le reste des fruits et légumes. Accompagner d'une mayonnaise allongée d'un peu de liqueur à l'orange.

◆ Salade d'artichauts et d'asperges : fines lanières de laitue, haricots verts frais, asperges et cœurs d'artichauts cuits et coupés en petits morceaux, cerfeuil haché, vinaigrette. Pour décorer, rondelles d'œufs durs ou crevettes roses.

◆ Salade d'asperges et de poulet : prendre des petites asperges vertes, les couper en morceaux, les mélanger avec des carrés de poulet, d'ananas, des lamelles de champignons de Paris et des amandes fraîches. Assaisonner avec jus d'ananas et mayonnaise.

Sauces

Nous nous limiterons ici aux sauces qui font partie des menus que nous proposons. La variété des sauces est immense, mais elles se déclinent la plupart du temps à partir de principes simples.

◆ Mayonnaise

Ingrédients : 1 jaune d'œuf, huile, sel et poivre

Dans un bol, verser très doucement l'huile sur le jaune d'œuf en battant très régulièrement jusqu'à ce que la sauce soit parfaitement homogène. Assaisonner à votre convenance.
Le jaune d'œuf ne doit surtout pas être trop froid.

◆ Sauce béchamel

Ingrédients : 40 g de farine, 50 g de beurre, 1 dl d'eau froide, 1/2 l de lait chaud, noix de muscade

Délayer la farine avec de l'eau froide. Verser ce mélange dans le 1/2 l de lait au moment de l'ébullition sans cesser de tourner. Saler, poivrer, râper un peu de noix de muscade. Laisser réduire jusqu'à obtenir l'épaisseur désirée. Incorporer le beurre par petits morceaux (et le gruyère râpé, si c'est une béchamel au fromage, mais attention, le fromage épaissit la sauce ; ajouter éventuellement un peu de lait chaud).

◆ Sauce blanche

Ingrédients : même préparation que la béchamel, mais on remplace le lait par de l'eau

La sauce blanche peut se décliner de toutes sortes de façons : en remplaçant l'eau par du bouillon de poule, ou du fumet de poisson. En incorporant en fin de cuisson un jaune d'œuf (délayé au préalable dans du bouillon tiède), un jus de citron, un peu de vin blanc sec.

◆ Sauce tomate

Ingrédients : oignons, 1 kg de tomates pelées en boîte, sel, poivre, laurier, romarin, basilic, persil, ail, sucre, huile d'arachide

Faire revenir les oignons jusqu'à ce qu'ils blanchissent à transparence dans de l'huile d'arachide. (On peut les faire bouillir 5 mn avant de les faire revenir, pour accélérer la cuisson.)

Ajouter une boîte d'1 kg de tomates pelées en gardant 1/4 du jus seulement.

Sel, poivre, thym, laurier, romarin et basilic en saison. Mouliner du persil et une gousse d'ail en milieu de cuisson. Ajouter un sucre en fin de cuisson. Laisser épaissir sans couvrir. Quand c'est cuit, on peut la passer au moulin à légumes, c'est meilleur.

(On peut faire la même préparation avec des tomates fraîches coupées en morceaux. Enlever au maximum les pépins pour éviter qu'il y ait trop d'eau. C'est meilleur pour servir froid. Ajouter dans la préparation froide du basilic haché.)

◆ Coulis de tomates

Ingrédients : 4 tomates, 2 œufs, basilic, huile d'arachide, sel, poivre

Pour accompagner les préparations froides.
Passer 4 belles tomates à l'eau bouillante pour enlever plus facilement la peau. Les couper en enlevant les pépins. Les passer au mixer avec deux jaunes d'œuf et une poignée de feuilles de basilic. Ajouter 5 cuillerées à soupe d'huile d'arachide, sel et poivre.

◆ Sauce rémoulade

Ingrédients : câpres, cornichons, persil et estragon, moutarde

Hacher au mixer des câpres, des cornichons, du persil et de l'estragon.
Les mélanger à une mayonnaise en ajoutant aussi 2 cuillerées à café de moutarde forte. A servir avec des viandes froides.

◆ Sauce à la menthe (pour le gigot)
Préparer quelques heures à l'avance

Ingrédients : 1,5 verre de feuilles de menthe, 1 verre de sucre en poudre, 1 verre de vinaigre de cidre

Hacher finement la menthe. Faire bouillir le sucre et le vinaigre.
Incorporer la menthe, bien mélanger.
Conserver cette sauce au frais dans un bocal en verre bien fermé.

◆ Sauce à l'américaine
Pour le poisson, la langouste ou les quenelles

Ingrédients : oignons ou échalotes, blancs de poireaux, céleri, carottes, persil, thym, laurier, poivre, un petit piment aux oiseaux, 2 ou 3 tomates, concentré de tomates, 1/2 l de vin blanc

Faire fondre doucement oignons (ou échalotes), blancs de poireaux, céleri, carottes, persil, thym, laurier, poivre, un petit piment aux oiseaux, 2 ou 3 tomates pelées et épépinées, 1 cuillerée de concentré de tomates. Délayer avec le vin blanc et un peu d'eau. Laisser mijoter et réduire 1/2 h à feu moyen. Rajouter alors la lotte ou la langouste (et laisser cuire 15 à 20 mn) ou verser sur les quenelles (et laisser cuire 15 mn).

◆ Sauce mousseline
Ajouter à une mayonnaise des blancs d'œuf battus en neige.

◆ Sauce verte

Ingrédients : cerfeuil, estragon, persil, ciboulette, vinaigre

Hacher finement du cerfeuil, de l'estragon, du persil (de la ciboulette si on la veut plus relevée) et incorporer ces herbes à une mayonnaise bien vinaigrée. On peut aussi interpréter cette sauce en incorporant ces herbes en plus grande quantité dans une vinaigrette.

Aromates et épices

- AIL : pour le gigot, les rôtis, il est préférable de le glisser, une fois la peau enlevée, dans une fente faite dans la viande. On peut aussi ne pas l'éplucher, mais l'écraser et le mettre ainsi dans le plat à cuire.
- BASILIC : cette plante originaire de l'Inde est aussi appelée pistou. On peut mettre les feuilles fraîches dans toutes les salades, mais à dose discrète car elles ont un arôme puissant. C'est délicieux avec la salade de tomates. Ecrasé avec de l'huile d'olive et de l'ail, embaume les spaghettis, les tagliatelles.
- CANNELLE (en bâton ou en poudre) : bon pour les crèmes, les compotes, les fruits au four, les tartes aux pommes, mais aussi dans les marinades, les sauces, les ragoûts, les rôtis.
- CARDAMOME : c'est une graine de la même famille que le gingembre, originaire d'Afrique et d'Asie. Elle entre dans la confection des pâtisseries et du curry. Ne pas en mettre trop.
- CERFEUIL : haché dans les salades, les omelettes et les ragoûts.
- CIBOULETTE : dans les salades, les omelettes, les vinaigrettes et les soupes.
- CORIANDRE : ou persil chinois ou persil arabe. Plante des pays méditerranéens et d'Asie. Cuite, parfume bien les ragoûts, mais délicieuse aussi avec les lentilles,

le chou braisé, les ragoûts de mouton et de volaille, les oignons et champignons à la grecque.

◆ Cumin : délicieux avec le rôti de porc, mais aussi avec les salades de haricots blancs, les sauces au yaourt, les gâteaux et le fromage de Munster.

◆ Curry : c'est un mélange indien très savant d'épices, le masala. Les meilleurs se trouvent dans les magasins orientaux.

◆ Echalote : plus subtile que l'oignon, délicieuse dans les salades de pommes de terre mais aussi dans les ragoûts.

◆ Estragon : frais ou séché (ne jamais l'utiliser en poudre, car il perd alors une grande partie de son arôme), c'est une plante originaire de Russie. On l'utilise notamment avec les tomates, les omelettes, la volaille, le gigot, les sauces et les ragoûts ; c'est très bon aussi dans les salades de pommes de terre.

◆ Fenouil : se mange en salade ou braisé, mais accompagne parfaitement le court-bouillon, les poissons grillés, les cornichons au sel.

◆ Genièvre : sert à relever l'eau de cuisson du riz complet, des courts-bouillons, de la choucroute.

◆ Gingembre : on trouve le gingembre frais dans les magasins orientaux. Son arôme est très puissant et il exotise les ragoûts, les salades, les rôtis de porc ou de veau, mais aussi les gâteaux et les confitures.

◆ Girofle (clou de) : plante cultivée en Tanzanie. On le pique généralement dans les oignons, indispensable au pot-au-feu, à la poule au pot, dans les marinades et les fruits cuits au vin.

◆ Laurier : va presque toujours de pair avec le thym, relève le goût des sauces, des ragoûts, des soupes, de la blanquette.

- Menthe : fraîche ou séchée, on s'en sert surtout avec le mouton, dans la salade et les sauces au yaourt. On en fait aussi des tisanes.
- Muscade : fruit du muscadier qui pousse en Malaisie, aux Antilles. Se râpe sur une grille très fine, parfume la purée de pommes de terre, la sauce béchamel, les œufs brouillés, le ragoût de mouton.
- Paprika : poudre douce de piment rouge qu'on utilise dans le goulasch, mais aussi dans les ragoûts, le riz, les piments farcis, le fromage blanc.
- Persil : frais et haché, dans tous les plats, légumes frais et secs, crus ou cuits, potages, viandes, poissons.
- Piment : petit poivron rouge vif de 2 à 8 cm de long que l'on trouve aux Antilles, au Brésil et dans le midi de la France. Frais, s'utilise dans tous les plats un peu exotiques.
- Poivre : noir, blanc, vert, le premier est plus fort. Le poivre vert est parfait avec les steaks, les ragoûts, la sauce.
- Quatre-épices : c'est le nom d'une plante dont les fruits sont enrobés d'une écorce au parfum rappelant l'odeur de poivre, de gingembre, de muscade et de clou de girofle mélangés. S'utilise dans les ragoûts, les sauces, les rôtis.
- Romarin : c'est l'aromate des viandes rôties, des poissons grillé.
- Safran : potages, ragoûts, sauces, pâtisseries (l'utiliser plutôt en poudre).
- Sauge : parfume surtout les plats méridionaux : porc, mouton, volailles, mais aussi le riz.
- Thym : c'est la plante dont on ne saurait se passer en cuisine. Avec le laurier et le persil, c'est le pilier du bouquet garni. L'utiliser frais ou sec.

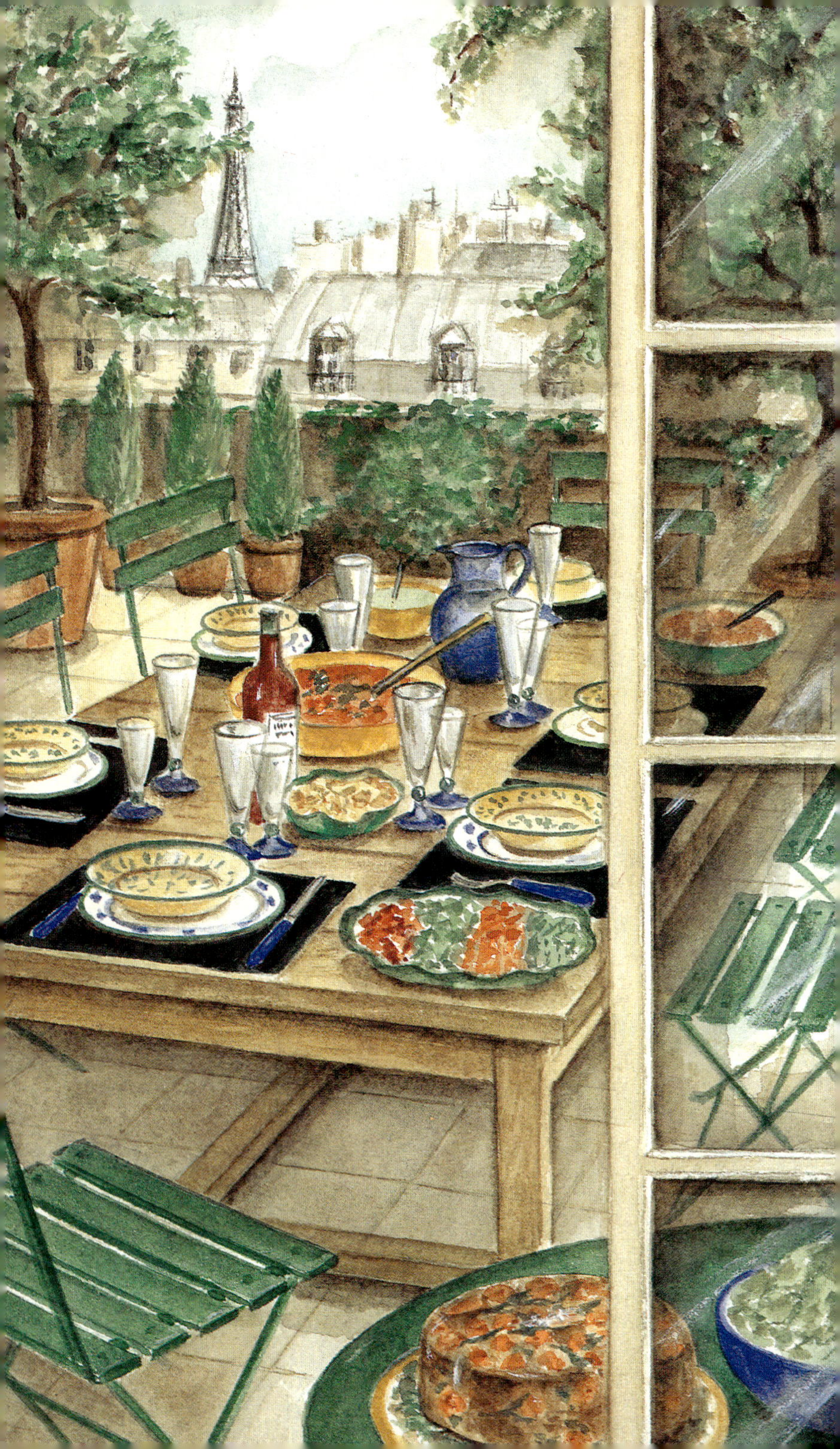

QUELQUES CONSEILS PRATIQUES

Table roulante
et service de table

◆ **La table roulante :** un classique des maisons bourgeoises dont l'usage est passé de mode avec la disparition du personnel de service. Autrefois elle était utilisée pour parcourir les longs couloirs qui reliaient la salle à manger à l'office. Dans des appartements mieux distribués où la cuisine s'est rapprochée des pièces à vivre, quand elle n'y est pas intégrée, cette merveilleuse invention des plateaux à roulettes est tombée en désuétude. L'idée nous est venue de lui donner une nouvelle chance en regardant nos amis ou nous-mêmes ployés sous les lourdes charges des piles d'assiettes, des plateaux de verres, courant vers la table du dîner, la corbeille à pain dans une main, les couverts dans l'autre, les bouteilles dans le creux du bras.
Alors nous avons dit STOP ! Arrêtons une seconde de courir, organisons-nous, économisons nos efforts.

Idée de base : tout avoir sur la table ou sous la main au moment où l'on passe à table, de manière à ne plus retourner à la cuisine jusqu'au moment de servir le café au salon.

Instruments de base : la table roulante, avec éventuellement une petite table de desserte à côté de la table du dîner. Et en complément toute une série d'instruments ou de trucs qui permettent de garder un plat chaud hors de la cuisine.

La table du dîner : elle peut être préparée la veille ou le matin pour gagner du temps.
- Deux assiettes superposées par convive (de taille identique ou celle du dessus légèrement plus petite).
- Une fourchette à gauche, un couteau à droite, une cuillère à soupe entre assiette et couteau s'il y a potage.
- Le couvert à dessert pourra être placé entre le verre et l'assiette ou mis de côté avec les assiettes à dessert. Couteau à fromage. Cuillère à dessert s'il y a une crème, fourchette à dessert pour un gâteau.
- Deux verres par convive : un pour l'eau, un pour le vin.
- Deux ou quatre salières selon la taille de la table, deux moulins à poivre (ou poivrier).
- Deux carafes d'eau, une de chaque côté de la table.
- Deux bouteilles de vin.
- Serviettes de table posées sur l'assiette ou pliées à côté.
- Des petits cendriers de table pour éviter les horribles mégots écrasés dans les assiettes.
- Moutarde, cornichons, gros sel et autres condiments nécessaires selon le plat servi seront aussi placés sur la table en au moins deux points différents. (S'il s'agit d'un curry, placer tous les bols de condiments sur un petit plateau qui tournera entre les convives.)

Mettre d'avance un couvert très complet permettra de ne pas encombrer inutilement la table roulante et de l'utiliser pendant le dîner pour ne pas se lever de table. Celle-ci doit être totalement chargée à l'avance avant l'arrivée des invités pour n'avoir plus qu'à l'apporter au moment de se mettre à table.

La table roulante : il en existe de toutes les catégories : à deux plateaux ou à trois plateaux et à tous les prix à partir de 400 F. Les plus pratiques sont les tables pliantes qui se rangent très facilement dans une cuisine. Si vous devez en achetez une, choisissez-la plutôt pliante et à trois plateaux. Si vous en avez déjà une, gardez-la et trouvez-lui sa meilleure utilisation. Les conseils qui suivent sont élaborés sur la base d'un espace de deux plateaux moyens, c'est-à-dire la surface utilisée pour servir un minimum de huit personnes.

Sur le plateau du bas :
- Les bouteilles en réserve (il faut compter au minimum quatre bouteilles de vin pour huit personnes).
- Les assiettes à dessert (s'il faut changer les assiettes pour le fromage, empiler les assiettes des deux services les unes sur les autres).
- Panier à pain (pain en supplément et/ou pain aux noix pour le fromage). Le placer sur les assiettes de rechange.
- Le dessert.
- Le fromage.

Sur le plateau de dessus :
- Plat principal.
- Salade.
- Sauces.
- 4 couverts de service en supplément.
- 2 ou 3 serviettes de table de rechange (si un verre est renversé ou si de la sauce tombe sur la nappe).

Si l'on est plus de huit convives : prévoir une petite desserte à proximité immédiate de la table principale où l'on mettra le fromage, le dessert et les assiettes de ces deux services. On pourra les manipuler aisément sans avoir à quitter la pièce.

Café et tisanes : pour que votre disponibilité soit totale pendant la soirée, il faut avoir préparé d'avance un plateau avec des tasses à café et des tasses à infusion, sucrier et petites cuillères. Le café peut être préparé avant le dîner et tenu au chaud dans un thermos. Pour l'infusion prévoir un thermos d'eau chaude que l'on versera dans la théière préalablement garnie de sachets.

Avoir également préparé un plateau de verres propres pour offrir jus de fruits, champagne, whisky ou alcools blancs à vos invités avant la fin de la soirée.

Les verres de l'apéritif auront été rassemblés sur un plateau au moment de passer à table pour pouvoir les enlever rapidement après le dîner.

Pour garder vos plats au chaud : pour un plat unique, un pot-au-feu, une choucroute ou une viande en sauce, on utilisera les instruments classiques qui se placent au milieu de la table : croisillon à bougie, chauffe-plat électrique ou ces briques que l'on chauffe fortement au four avant de les déposer sur un support d'acier (elles restent à température pendant deux heures). Il existe même une extraordinaire table roulante chauffante chez Kitchen Bazaar. Seul inconvénient : elle est chère.

Pour le riz, les pâtes, les légumes, les purées, les viandes en sauce aussi, il existe des plats d'origine scandinave en acier à double paroi qui peuvent maintenir un plat à sa température de sortie du feu pendant plus de deux heures. Ils sont un peu chers, mais d'une efficacité absolue, et très jolis.

Les terrines de cuisson en céramique de terre cuite de

marque Römertopf gardent les aliments à la chaleur de cuisson du four pendant une heure au moins. Leur présentation décorative permet de les poser directement sur la table. Ils sont faits pour cuire tous les aliments dans leur propre jus, y compris les poissons, sans ajout de liquide ou de graisse, et les desserts comme les pommes au four ou le clafoutis aux pommes.

Mais on ne peut pas les utiliser pour les viandes en sauce. Seul inconvénient : la cuisson y est plus longue (environ le double) mais l'avantage est que vous pouvez les laisser sans surveillance.

La traditionnelle cocotte en fonte peut jouer le même rôle, mais il faut être suffisamment à l'aise avec ses invités pour la mettre directement sur la table. Cela ne manque pas de charme quand le contenu est suffisamment savoureux. Les plats à gratin peuvent aussi être présentés directement sur la table. Différentes garnitures en paille, argenterie ou bois permettent de les habiller et de les passer de main en main sans se brûler. C'est la meilleure façon de les garder chauds. S'il y a deux plats – gnocchis par exemple –, on pourra en garder un pour un deuxième passage sur un chauffe-plat installé sur une desserte.

Quelques ustensiles de cuisine dont il est bon de disposer

2 poêles, une grande et une petite
4 casseroles
1 cocotte en fonte
1 Cocotte-minute
1 couscoussière utilisable pour cuire à la vapeur aussi bien les légumes que le poisson ou le poulet
1 faitout
1 Römertopf (plat en terre cuite avec couvercle où l'on peut faire cuire n'importe quoi, sans gras et sans aucun liquide)
Des cuillères et des spatules en bois, ainsi qu'une spatule en caoutchouc alimentaire
1 louche
1 écumoire
1 fouet manuel
Une variété de couteaux, dont l'indispensable « économe » qui sert à éplucher les légumes, et surtout un ou deux grands couteaux pointus
Des planches en bois grandes et petites, utiles pour découper la viande, hacher l'ail, les oignons ou aplatir la pâte
1 presse-ail ou un hachoir

2 ou 3 bols
1 petit batteur électrique pour monter les œufs en neige ou réussir la mayonnaise
1 râpe
1 mixer pour les potages et les purées
1 paire de ciseaux
1 chinois
Couvercles en pyrex adaptables aux poêles
Moules à tarte de différents diamètres dont le fond se détache
1 moule à cake
Plats en pirex ou en céramique pour les gratins
Papier sulfurisé pour démouler facilement

Mais viens donc dîner ce soir...

Il y a aussi les repas imprévus, les repas de dernière minute. Un coup de téléphone : « Comment ça va ? Il y a si longtemps qu'on ne s'est vu. Pourquoi attendre ? Si tu es libre, viens donc dîner ce soir... Tu mangeras ce qu'il y a. »

Pas question donc de mettre les petits plats dans les grands. Mais il faut veiller à avoir toujours dans le placard de quoi préparer rapidement un petit dîner simple et bon.

Cette liste n'est évidemment pas exhaustive, mais elle vous permet en tout cas de cuisiner aussi bien un bon plat de spaghettis à la bolognaise, qu'un gratin dauphinois, ou des œufs brouillés au saumon.

C'est pourquoi nous vous suggérons un certain nombre de produits de base qui se conservent et quelques surgelés. En voici la liste : des spaghettis, des sauces tomate à la viande ou aux champignons, du fromage râpé, des tomates pelées en boîte, des œufs, des boîtes de lentilles et de haricots blancs, deux ou trois boîtes d'un bon pâté, deux ou trois boîtes de thon, du saumon fumé, des lardons, des pommes de terre, de la crème fraîche, quelques potages en boîte ou en paquet (la bisque de homard Liebig est très agréable), du thym, du laurier, des fines herbes, de la compote de pommes en boîte ou des fruits au sirop, des fruits secs.

Les petits trucs de la cuisine au quotidien

◆ **Bouquet garni :** combinaison de base : thym, laurier, persil attachés ensemble avec de la ficelle de cuisine pour le retirer plus facilement après cuisson.
Pour accommoder le veau, ajouter du romarin, pour le porc, de la sauge, pour le poisson, du fenouil, pour les plats épicés, de la coriandre (en petite quantité) ou du cerfeuil, pour les volailles, de l'estragon.

◆ **Pour éplucher les oignons** sans pleurer, les peler sous un robinet d'eau froide (ou dans un saladier d'eau froide).

◆ **Pour peler les tomates**, les tremper une minute dans l'eau bouillante, la peau s'enlèvera très facilement.

◆ **Pour écaler les œufs durs,** les plonger dans l'eau froide quand ils sont encore chauds.

◆ **Pour hacher le persil** (ou basilic, cerfeuil, estragon), le mettre dans un verre à moutarde à fond plat. Introduire la pointe des ciseaux et les actionner jusqu'à ce que le hachis soit aussi fin que désiré.

◆ **Pour délayer un œuf** à incorporer dans une soupe ou au bouillon : séparer le jaune du blanc. Mettre le jaune dans une tasse. Le mélanger avec une louche de soupe ou de bouillon que l'on aura préalablement laissée tiédir. Sinon le jaune cuit et se convertit en filaments coagulés.

◆ **L'ail ne doit jamais revenir** avec l'huile et l'oignon. Il faut l'ajouter en le pressant lorsque le plat dans son ensemble commence à cuire.

◆ **Pour faire tenir les blancs d'œuf** montés en neige, ajouter une pincée de sel.

◆ **Cuisson des pâtes** : les Italiens ont un truc imparable. Au moment où on met les pâtes dans l'eau, celle-ci arrête de bouillir. Au moment où le bouillon reprend, arrêter le feu, mettre un torchon sur le dessus de la marmite et le maintenir avec un couvercle, de manière à ce que la vapeur ne puisse plus du tout sortir. Dix minutes plus tard, les pâtes sont cuites à point. Elles peuvent rester ainsi pendant au moins une heure, ce qui permet de les maintenir bien chaudes sans qu'elles cuisent davantage. Très pratique pour le service.

◆ **Cuisson du riz** : le riz est souvent trop cuit ou pas assez. Quand il est collant, c'est encore plus désagréable.
Pour être sûr de ne pas le rater, le mieux est d'utiliser une marmite électrique à cuire le riz (on les trouve dans tous les magasins asiatiques). Lorsque le riz est cuit, elle s'arrête automatiquement et le maintient au chaud pendant plusieurs heures. C'est évidemment beaucoup plus pratique que de le cuire, le rincer et le repasser ou four pour le chauffer.
On peut aussi utiliser une boule de riz chinoise ; elle res-

semble à une boule à thé modèle géant. La plonger dans l'eau bouillante pendant dix minutes. Le riz s'égoutte tout seul lorsqu'on sort la boule de l'eau. C'est un peu le principe du conditionnement en sachets à plonger dans l'eau que propose la marque Uncle Ben's. Avec l'avantage que le riz est formé en dôme lorsqu'on le sort de sa boule.

♦ **Cuisson des endives** : mettre un jus de citron pour empêcher le beurre de noircir et les endives de devenir amères. Le jus de citron peut s'utiliser aussi pour empêcher un beurre de noircir lorsqu'on cuit du poisson ou des escalopes panées.

♦ **Le caramel :** mettre une noisette de beurre au fond du moule. Ajouter dix morceaux de sucre, avec une cuillerée à café d'eau. Mettre le moule sur le feu, à feu doux. Surveiller de près. Le caramel doit blondir mais surtout ne pas durcir. Retirer le moule du feu. Verser presque aussitôt au fond du moule.

♦ **Crèmes sucrées :** si l'on est pressé et qu'on ne peut pas attendre que le lait refroidisse, en prélever une ou deux louches. Les mettre à refroidir dans un récipient. Bien délayer les œufs avec le lait de ce récipient. On peut ensuite rajouter le reste du lait encore chaud. Une fois délayés, les œufs ne coagulent plus. Sinon ils cuisent sous l'effet de la chaleur et la crème « brousse ».
On peut « rattraper » une crème en la mettant dans une bouteille ou un thermos bien fermés et en la secouant énergiquement.

♦ **Pour démouler un plat** (en gelée ou au caramel) : plonger le fond du moule dans un récipient d'eau tiède pour la gelée, chaude pour le caramel. Passer la lame d'un couteau entre la paroi du moule et la préparation.

Retourner le moule d'un seul mouvement. Le retirer à la verticale en donnant de petites secousses.

◆ Quelques conseils pour le pain

Pour les canapés et toasts grillés de l'apéritif, pain de mie et pain suédois.
Pour les fruits de mer, pain de seigle ; pour le foie gras, bannette passée au grill ou pain de mie.
Pour la charcuterie, pain de campagne, pain complet et aux 5 céréales.
Pour les salades simples, fougasse au roquefort ; pour les salades composées, pain aux noix.
Avec les fromages, de la bonne baguette fraîche au pain de campagne.

Petit carnet de bonnes adresses (les nôtres)

◆ Charcuterie
Davoli : 34, rue Cler, Paris VIIe, tél. 45.51.23.41, excellents produits italiens, succulente choucroute.

◆ Epicerie
Grande épicerie du Bon Marché : angle rue de Sèvres et rue du Bac, Paris VIIe, tél. 44.39.81.00, ouverte chaque jour sauf dimanche jusqu'à 21 h. On y trouve de tout : fruits et légumes, charcuterie et fromagerie.
Israël, Epicerie du Monde : 30, rue François-Miron, Paris IVe, tél. 42.72.66.23. Une véritable caverne d'Ali Baba : toutes les variétés de riz, de condiments, d'épices, de produits exotiques, du Mexique à l'Inde en passant par la Chine et le Moyen-Orient. Et un patron qui ressemble à Ernest Hemingway.
Mourougane France : 74, 87 & 93, passage Brady, Paris X^e, tél. 42.46.06.06. Là aussi toutes les richesses culinaires du monde, des thés aux huiles en passant par les chutneys, les pickles, les pains et les marmelades, les fruits et les légumes des Tropiques.
Tang Frères : 48, avenue d'Ivry, Paris XIIIe, tél. 45.70.80.00. Toute la cuisine chinoise dans votre sac à provisions.

Marks & Spencer : 35, boulevard Haussmann, Paris IXe, tél. 47.42.42.91. Rayon alimentation : muffins, marmelades, saumons fumés, gigots d'agneau irlandais, apple-pies et Christmas puddings.

Shah & Cie : 33, rue Notre-Dame-de-Lorette, Paris IXe, tél. 42.85.55.16. Spécialités indiennes : soja noir et riz parfumé, farine de millet et crème de coco, tandoori paste, jus de mangue, curry Madras, etc.

Olsen-Bornholm : 8, rue du Commandant-Rivière, Paris VIIIe, tél. 45.62.62.28. Saumon fumé danois, provenant exclusivement de l'île de Bornholm dans la Baltique, une rareté.

Noura Traiteur : rue Pierre-Ier-de-Serbie, Paris XVIe, tél. 47.23.02.20. Spécialités libanaises, « exactement comme là-bas ».

Boucherie Nivernaise : 99, rue du Faubourg-Saint-Honoré, Paris VIIIe : la meilleure viande du monde, de race bovine normande. Introuvable ailleurs.

Caves Augé : 116, boulevard Haussmann, Paris VIIIe, tél. 45.22.16.97 : la plus grande collection de vieux cognacs et armagnacs de Paris.

Goldenberg : 69, avenue de Wagram, Paris XVIIe ; rue des Rosiers, Paris IIe. Toute la charcuterie de l'Europe centrale, harengs, saumons et hors-d'œuvre russes.

Magasin Daru : 19, rue Daru, Paris VIIIe, tél. 42.27.23.60. Spécialités russes, caviar frais, esturgeon, bortsch, pirojkis, blinis et des dizaines de vodkas de Russie, d'Ukraine et de Pologne.

Catherine Chaumette : 7, rue Gros, Paris XVIe, tél. 46.47.47.77. Toutes sortes de harengs, charcuterie d'Alsace.

◆ Surgelés

Les meilleurs produits surgelés se trouvent chez Picard Surgelés. Magasins à Paris et en province. Parmi les produits que nous recommandons : les purées, les gratins, les saumons, la pintade farcie, les lasagnes, les glaces et, parmi les gâteaux, un délicieux gâteau aux noix d'après une recette de Lenôtre.

◆ Pâtisserie
Gérard Mulot : 76, rue de Seine, Paris VIe, tél. 43.26.85.77. Ses tartes au citron sont aussi bonnes que ses tartes aux légumes.
Berthillon : 31, rue Saint-Louis-en-l'Ile, Paris IVe, tél. 43.54.31.61. Le roi des glaces et des sorbets.

◆ Tables roulantes et instruments de cuisine
La Samaritaine, 19, rue de la Monnaie, Paris Ier, tél. 40.41.20.20.
BHV : 52, rue de Rivoli, Paris IVe, tél. 42.74.90.00.
Le Bon Marché : rue de Sèvres/rue du Bac, Paris VIIe, tél. 45.49.21.22.
Culinarion : 99, rue de Rennes, Paris VIe, tél. 45.48.94.76 (magasins en province). Tables roulantes pliantes et Römertopf.
Geneviève Lethu : 95, rue de Rennes, Paris VIe, tél. 45.44.40.35, province et grands magasins. Couverts, cocottes et plats divers.
Kitchen Bazaar : 14, avenue du Maine, Paris XVe, tél. 42.22.91.17 ; 142, rue de Courcelles, Paris XVIIe, tél. 43.80.77.37. Une spécialité : les tables roulantes américaines en métal à hauteur et largeur variables qui se montent et se démontent. Et une super table roulante chauffante mais très très chère.

*I*ndex des recettes

Entrées

Artichauts à la grecque, 71
Asperges sauce mousseline, 81
Avocat farci au crabe et aux pamplemousses, 79
Avocat aux œufs de saumon, 63
Bisque de homard, 43
Bortsch, 129
Bortsch aux betteraves rouges, 62
Carottes au cumin, 155
Carpaccio, 40
Caviar d'aubergine, 130, 157
Chaud-froid de volaille à l'estragon, 41
Cocktail de homard, 67
Courgettes froides, 47
Courgettes glacées, 55
Courgettes tièdes, 34
Crêpes de pomme de terre, 158
Croûtes au fromage, 46
Endives au jambon, 31
Flan à la tomate, 69
Foies hachés, 157
Frita, 156
Guacamole, 121
Gaspacho, 61
Gnocchis, 35
Gratin de poireaux, 27
Harengs marinés, 158
Hoummous, 155
Jambon de Parme, 20
Matoutou de crabe, 43
Méchouia, 155
Mekhtouba, 155
Mousse légère de saumon fumé, 75
Nem, 123
Œufs brouillés aux crevettes, 21
Œufs cocotte, 33
Œufs et oignons hachés, 157
Œufs pochés à la compote de tomates, 53
Pain de viande, 158
Pizza provençale, 24
Poisson froid au court-bouillon, 39
Potage à l'avocat glacé, 63
Potage glacé aux concombres, 77
Quenelles à l'américaine, 17
Quiche lorraine, 24
Raviolis, 35
Risotto aux moules, 48
Risotto au poulet, 48
Rouille de sèche, 49
Salade Zaalouk, 155

Soupe au cresson, 29
Tarte aux oignons, 38
Tarte aux poireaux, 39
Toasts aux champignons, 45
Tomates à la mozarella et au basilic, 73
Tomates au parmesan, 40
Vichyssoise chaude, 25

Plats

Assiette nordique, 115
Blanc de poulet aux chutneys, 28
Blanquette de veau, 91
Bœuf mode aux carottes, 110
Bœuf mode en gelée, 30
Bœuf Strogonoff, 85
Chili con carne, 121
Choucroute, 86
Colombo d'agneau, de porc ou de poulet, 124
Côtelettes à la russe, 76
Curry d'agneau, 120
Daube aux tagliatelles, 98
Epaule d'agneau pommes boulangères, 104
Escalopes panées, 56
Filets de poisson marinés à l'aneth, 24
Filets de sole, 114
Fondue au fromage, 126
Gigot d'agneau, 89
Gigot froid au vert et blanc, 18
Goulasch, 118
Irish Stew, 107
Jambonneau, 72
Langouste à l'américaine, 20
Lapin au vinaigre en gelée, 34
Lotte à l'américaine, 20
Lotte aux coquilles Saint-Jacques, 93
Moussaka, 131
Osso buco, 105
Paella, 127
Pain de viande, 32
Pain de foies de volaille, 77
Palette de porc aux légumes et aux lentilles, 111
Pâte, 23
Pâtes fraîches aux fonds d'artichauts, 19
Paupiettes de veau aux carottes et à l'oseille, 108
Pintade aux cerises et aux figues, 99
Pintade froide sur lit d'endives, 81
Poulet en gelée au pâté de foie de canard, 68
Poulet au gingembre, 123
Pot-au-feu et ses os à moelle, 87
Pot-au-feu d'été, 59
Quiche, 24
Ragoût de veau à l'orange, 95
Ratatouille, 101
Rosbif froid aux trois moutardes, 22
Rôti d'agneau à la menthe et au chèvre frais, 97
Rôti de porc au gingembre, 64
Rôti de porc froid au cumin et à l'ananas, 44
Rôti de porc aux pruneaux, 103
Rôti de veau au basilic, 36
Rôti de veau froid aux pruneaux, 47
Saumon entier mariné à l'aneth, 152

Saumon froid, 79
Steak tartare, 73
Tagine d'agneau aux fruits secs, 117
Terrine de lotte, 25
Terrine de poisson, 58
Thon à la purée de tomates, 65
Truite saumonée en gelée, 70
Veau en gelée, 54
Viande des Grisons, 50

Salades

A l'orange, 162
Artichauts et asperges, 162
Asperges et poulet, 162
Courgettes à la menthe, 162
Crevettes au gingembre, 162
Endives, mâche, pamplemousse et crabe, 160
Epinards, 160
Haricots blancs, 18, 160
Haricots rouges, 160
Haricots verts, foie gras et Saint-Jacques, 160
Haricots verts, fonds d'artichaut, 160
Haricots verts, girolles et saumon, 160
Laitue et concombre, 161
Lentilles aux échalotes, 159
Mélangée aux herbes, 159
Pâtes, 161
Pois chiches, 160
Poulet, 161
Pommes de terre, 26, 159
Riz, 160
Russe, 161
Pommes de terre, haricots verts et tomates, 159
Tomates au basilic, 159

Sauces

Américaine, 166
Béchamel, 163
Blanche, 164
Coulis de tomate, 165
Menthe, 165
Mayonnaise, 163
Mousseline, 166
Rémoulade, 165
Tomate, 164
Verte, 166

Desserts

Clafoutis aux cerises ou aux abricots, 135
Crème renversée, 135
Compote de fruits secs, 136
Crème au chocolat, au café, au caramel, 136
Crumble, 137
Figues au coulis de framboise, 137
Flan à la noix de coco, 138
Flan aux poires, 138
Gâteau aux marrons, 139
Moelleux au chocolat, 140
Mont-Blanc, 138
Mousse au chocolat, 140
Œufs à la neige, 141
Pêche Melba, 142
Pêches au sirop, 142
Poires au vin, 142
Pommes au four, 143
Pommes meringuées, 144
Sabayon de fruits d'été, 144
Soupe de fraises à la menthe, 145
Strudel, 145
Tarte au citron, 147
Tarte aux poires, 147
Tiramisu, 148

Remerciements

Nous remercions Elie Boris, Irina Fédorofski, Simone Lacouture, Mireille Mendès France, Marceline Lauridan-Ivens, Annet Held, Anne Brunel, Marie-Hélène Queimado, Pascal Guillot, Béatrice Saalburg, Annie Scemama pour nous avoir confié quelques-uns de leurs secrets culinaires, et la société Nicolas qui nous a conseillées pour le choix des vins.

Achevé d'imprimer sur
les presses offset de l'imprimerie Bussière
à Saint-Amand-Montrond (Cher).

Photocomposition : Charente-Photogravure.
Photogravure : Graphipoint.

Nº d'édit. : 3047. — Nº d'imp. 2783.
Dépôt légal : septembre 1993.